Der Zustand der Welt

KURT DE SWAAF

Der Zustand der Welt

Warum wir die Erde noch retten können
und was wir dafür tun müssen

TERRA MATER

BOOKS

MIX
Papier aus verantwor-
tungsvollen Quellen
FSC
www.fsc.org   FSC® C014138

Product footprint
CO₂
Neutral
NC-CFM-015258
www.nepcon.net

1. Auflage
© 2021 Terra Mater Books bei Benevento Publishing Salzburg – München,
eine Marke der Red Bull Media House GmbH, Wals bei Salzburg

Medieninhaber, Verleger und Herausgeber:
Red Bull Media House GmbH
Oberst-Lepperdinger-Straße 11–15
5071 Wals bei Salzburg, Österreich

Satz: MEDIA DESIGN: RIZNER.AT
Umschlaggestaltung: Benedikt Lechner
Autorenfoto: Kurt de Swaaf
Printed by Finidr, Czech Republic

ISBN 978-3-99055-024-3

Dieses Produkt wurde zu 100 % klimaneutral produziert.

Für Celia und Matti

Inhalt

Einleitung

Es ist so weit. Zum ersten Mal seit der Entstehung unseres Planeten wird das Erdgeschehen von einer einzigen Spezies geprägt. *Homo sapiens* beeinflusst Biologie, Geologie und Atmosphäre in einem bislang ungekannten Ausmaß. Wissenschaftler sehen darin den Anbruch einer neuen Epoche. Willkommen im Anthropozän, dem Zeitalter des Menschen.

Er erschien im Pleistozän und krempelt heute durch Landschaftsveränderungen, Meeresverschmutzung, Zerstörung der Artenvielfalt und Treibhausgasemissionen das gesamte globale Ökosystem um. Natürlich haben Lebensformen immer einen Einfluss gehabt. Während des Karbons vor über 300 Millionen Jahren war ein Großteil der Urkontinente von riesigen Wäldern überzogen. Die Bäume ließen den Sauerstoffgehalt der Atmosphäre auf mehr als das Anderthalbfache der heutigen Konzentration ansteigen; aus ihren Überresten entstanden die Steinkohleschichten. Später, in der Kreidezeit, bildeten die Kalkskelette einzelliger Algen jene mächtigen Ablagerungen, die wir jetzt als die weißen Klippen von Dover und Rügen bewundern. Nie zuvor aber konnte eine Tierart so umfassend in die Naturkreisläufe eingreifen wie unsere Spezies. Und die Auswirkungen sind verheerend.

1979 erschien der *Charney Report*, worin eine US-Forschergruppe zum ersten Mal eine detaillierte Prognose über die globale Erwärmung infolge des Treibhauseffekts vorlegte. Weitere Studien folgten. Fachleute und immer größere Teile der Gesellschaft zeigten sich zunehmend besorgt – zu Recht. 1988 gründeten die Vereinten Nationen (UN) und die Weltorganisation für Meteorologie gemeinsam den Weltklimarat. Dieses offiziell unter dem Namen *Intergovernmental Panel on Climate Change* (IPCC) agierende Expertengremium erbringt objektive, wissenschaftliche Grundlagen zum Thema Klimawandel. Fünf ausführliche Statusberichte hat das IPCC bereits veröffentlicht, der letzte bisher erschienene lieferte die Basis für das Pariser Klimaabkommen von 2015.

Weniger bekannt, doch genauso wichtig ist die Arbeit der *Intergovernmental Science-Policy Platform on Biodiversity and Ecosystem Services* – kurz IPBES, oder zu Deutsch Weltbiodiversitätsrat. Dieser wurde 2012 als eigenständige UN-Organisation gegründet und umfasst heute 137 Mitgliedsstaaten. IPBES trägt wissenschaftliche Informationen über den biologischen und ökologischen Zustand der Erde zusammen, und stellt diese den politisch Verantwortlichen als zuverlässige und unabhängige Entscheidungshilfe zur Verfügung. Es gibt dringenden Handlungsbedarf, denn wir verlieren zunehmend Tier- und Pflanzenarten sowie Naturressourcen. Die Funktionsfähigkeit ganzer Ökosysteme ist inzwischen ernsthaft gefährdet.

Schon 2011 hatte die UN deshalb die gerade zu Ende gegangene »Dekade der biologischen Vielfalt« ausgerufen – leider mit sehr dürftigem Ergebnis. Die Weltöffentlichkeit sollte sich für die lebendige Natur und deren Erhalt einsetzen. Es gab viele warme Worte, aber nur wenig konkreten Einsatz und kaum Verbesserungen.

IPBES nahm derweil eher im Hintergrund seine Tätigkeit auf. Man führte eine Reihe von Vollversammlungen und zahlreiche Expertentreffen durch. 2017 begann die Erstellung des *Global Assessment Report on Biodiversity and Ecosystem Services**, eine große Bestandsaufnahme über den aktuellen Zustand von Artenvielfalt und Ökosystem-Leistungen. Ein erster Entwurf dieses Berichts wurde im Mai 2019 in Paris vorgestellt. Das Mammutwerk basiert auf der Auswertung von gut 15.000 wissenschaftlichen Studien und zählt selbst, inklusive Literaturlisten, an die 1700 Seiten. Geschrieben wurde es von einem internationalen Expertenteam aus allen Weltregionen. Globalisierung in Bestform.

Der Bericht beschäftigt sich mit Fragen zur biologischen Vielfalt sowie der Leistungen der Ökosysteme und wie diese sich in den vergangenen 50 Jahren verändert haben. Er evaluiert, wo die Menschheit in Bezug auf die Erreichung internationaler Übereinkommen steht und gibt Prognosen über die Entwicklungen für die kommenden Jahrzehnte. Schließlich setzt er sich damit auseinander, welche Maßnahmen ergriffen werden können, um den Verlust der biologischen Vielfalt und der Ökosystemleistungen zu stoppen.

Die Endversion des Rapports wollte man ursprünglich während der Biodiversitätskonferenz der Vereinten Nationen im Oktober 2020 präsentierten. Bedingt durch die Covid-19-Pandemie wurde diese Veranstaltung allerdings, Stand Februar 2021, auf Oktober 2021 verschoben. Tagungsort ist die chinesische Stadt Kunming. Im Rahmen der Konferenz soll den Regierungen erneut die Dringlichkeit von Natur- und Umweltschutz vor Augen geführt werden. Im Endeffekt geht es

---

* IPBES (2019): *Global assessment report on biodiversity and ecosystem services of the Intergovernmental Science-Policy Platform on Biodiversity and Ecosystem Services.* E. S. Brondizio, J. Settele, S. Díaz, and H. T. Ngo (Hrsg.). IPBES Sekretariat, Bonn.

darum, die Staatengemeinschaft auf neue, ehrgeizige Ziele für die nächsten 30 Jahre einzuschwören. Bis 2050, so die Hoffnung, könnte die Menschheit dann in »Harmonie mit der Natur« leben. Bis dahin dürfte es ein steiniger Weg sein.

Dieses Buch ist keine reine Zusammenfassung des IPBES-Berichts, auch wenn seine Struktur im Groben dem Aufbau des Rapports entspricht. Stattdessen möchte ich meinen Leserinnen und Lesern den inhaltlichen Kern darlegen und Zusammenhänge erläutern. Viele konkrete Beispiele sollen dabei helfen.

Im ersten Kapitel werden die Ursachen für den momentan ziemlich schlechten Zustand unseres Planeten aufgezeigt. Was bisher geschah, sozusagen. Der zweite Teil bietet einen Überblick über die derzeitige Lage; Kapitel drei stellt mögliche Zukunftsentwicklungen vor. Der letzte Abschnitt ist Ausblick und Aufruf zugleich. Wir müssen das Steuer herumreißen.

In viele Betrachtungen habe ich meine eigenen Erfahrungen und Standpunkte mit einfließen lassen. Ich kann gar nicht anders. Die Begeisterung für die Biologie und die atemberaubende Vielfalt des Lebens begleiten mich schon, solange ich zurückdenken kann; an die ersten Angelausflüge mit meinem Vater, die Küstenlandschaften meiner niederländischen Heimat und die Filme über das Werk von Jacques-Yves Cousteau. Was der Welt widerfährt, nehme ich persönlich. Doch auch wenn die Aussichten zurzeit eher trüb sind: Es gibt Anlass zur Hoffnung. Das zeigt der Bericht ebenfalls. Eine andere Zukunft ist möglich. Für uns selbst, für unsere Kinder, und für alle anderen Lebensformen.

KAPITEL 1

Was die Umwälzungen antreibt

Palmöl tötet

Sollte es den Teufel tatsächlich geben, dann müsste ihm diese braune Paste ziemlich gut gefallen. Wir alle kennen sie natürlich. Man schmiert sie aufs Brot, manche löffeln sie sogar pur – was bei über 500 Kilokalorien pro 100 Gramm schon eine Ansage ist. Aber schmecken tuts ja. Der höllische Brennwert ist zudem eher das geringere Problem. Nugatcreme, denn davon ist hier die Rede, hat es buchstäblich in sich. Die meisten Sorten enthalten außer Unmengen an Zucker als zweitwichtigste Ingredienz Palmöl beziehungsweise Palmfett. Kaum ein Lebensmittelgrundstoff hat in den vergangenen Jahren so viele Debatten befeuert wie dieser. Und das zu Recht.

Das Profil des Angeklagten lässt zunächst nichts Übles vermuten. Palmöl wird aus den Früchten der ursprünglich in Westafrika heimischen Ölpalme, botanisch *Elaeis guineensis*, gewonnen. In Reinform hat es eine schöne rote Farbe und besteht ungefähr zur Hälfte aus gesättigten Fettsäuren. Ungewöhnlich viel für ein pflanzliches Produkt. Warum Palmöl jedoch in der Lebensmittelindustrie so beliebt ist, ahnt man vielleicht beim Biss in eine der rohen Früchte. Wirklich lecker sind die nicht. Da ist allerdings etwas Besonderes, eine Art Fülle ohne ausgeprägtes Aroma, anreizend und zufriedene Sättigung versprechend. Richtig fett eben. Dem Konsumenten indes wird normalerweise raffiniertes, »weißes« Palmöl vorgesetzt: farb- und geschmacklos, und bestens haltbar. Das macht es zur idealen Zutat. Palmöl bindet und gibt Gehalt, ohne hervorzutreten. Nichts übertönt den Kakao oder den meist geringen Haselnussanteil in der Nugatcreme. Vollmilchpulver? Unnötig. Die magere Billigvariante reicht völlig, *Elaeis guineensis* sei Dank.

Klar, der oben genannte Effekt kann auch mit anderen industriell verarbeiteten Pflanzenfetten erzielt werden. Einige Hersteller machen das. Palmöl hat aber noch einen weiteren Riesenvorteil. Die Erträge sind geradezu phänomenal. Ein Hektar Ölpalmplantage liefert pro Jahr bis zu 20 Tonnen Früchte, aus denen sich fünf Tonnen Rohöl gewinnen lassen. Das schafft ein Rapsfeld noch nicht mal annähernd. Preistechnisch ist das tropische Fett deshalb kaum zu schlagen.

> Kein Wunder, dass Palmöl auch außerhalb des Lebensmittelsektors weitläufig Verwendung findet. Kosmetik, Seifen, Tierfutter: Es ist fast allgegenwärtig. Auf vielen Zutatenlisten taucht das Öl dennoch nicht auf. Stattdessen werden nur die weiter daraus verarbeiteten Produkte wie »Cetearyl Alcohol« vermerkt. Auch im Verkehr hat sich das Fett längst etabliert – als Biodiesel raffiniert und meist dem herkömmlichen Kraftstoff beigemischt.

2018 landete in der Europäischen Union etwa die Hälfte der Palmöl-Importe über diesen Weg in den Fahrzeugtanks.

Keine Frage also: *Elaeis guineensis* ist ein industrielles Multitalent. Seine Vielseitigkeit führte in den vergangenen

20 Jahren zu einem regelrechten Palmöl-Boom. Nicht wenige Menschen, auch Kleinbauern, haben davon profitiert, doch die ökologischen Folgen sind gravierend. Wer eine konventionell bewirtschaftete Ölpalmplantage betritt, dem fällt schnell die ungewöhnliche Ruhe auf. Man hört kaum Vögel, und auch der Insektenbestand wirkt stark ausgedünnt. Den Boden zwischen den Stämmen bedeckt, wenn überhaupt, nur eine struppige Krautschicht. Die Vielfalt der tropischen Flora und Fauna ist hier bloß noch ein ferner Traum. Kilometerweit können sich Palmenkolonnen erstrecken, Monotonie in trauriger Vollendung. Manchmal trifft das Auge auf sterbende Exemplare mit herabhängenden Wedeln. Kein schöner Anblick. Die Todgeweihten fallen allerdings nicht Krankheiten oder Schädlingen zum Opfer, sondern ihrem eigenen Wuchs. Wenn die Palmen eine bestimmte Höhe überschreiten, wird die Ernte in den Kronen zu beschwerlich. Vor allem in kleineren Plantagen spritzen die Bauern sie dann häufig mit Glyphosat oder anderen Pflanzengiften, damit die Alten den Neupflanzungen weichen. Natürlich ist diese radikale Methode auch nicht gerade umweltfreundlich.

Die größten Probleme bereitet gleichwohl der Flächenfraß. Hochrechnungen von Umweltschutzorganisationen zufolge dürften seit der Jahrtausendwende allein in Südostasien über vier Millionen Hektar Regenwald der Anlage neuer Ölpalmplantagen zum Opfer gefallen sein. Satellitenbilder zeigen das ganze Ausmaß der Landnahme, und Google Earth macht die Schäden für uns alle sichtbar. Beispiel Borneo: Wir holen die Insel auf den Bildschirm und geben im Suchfenster den Ortsnamen »Pangkut« ein. Enter. Sofort erscheint ein dunkles Grün mit rechteckig angeordneten Linien. Weiter reinzoomen, und man erkennt die Kronen der Ölpalmen, die wie ein Heer aus grünen Seesternen aussehen. Zurück in den Überblick. Überall in der Umgebung von Pangkut zeigt sich das gleiche Rechteckmuster. Die Plantagen sind zum Teil Dutzende Kilometer breit. Vor nicht langer Zeit war das alles noch Dschungel. Der Lebensraum von Tausenden Tier- und Pflanzenarten ist fast restlos verschwunden. Im Palmöl aus dieser Gegend steckt, so lässt sich überspitzt sagen, das Blut von Orang-Utans. Anderswo sind Tiger, Waldelefanten oder gar Menschen die Opfer. Palmöl tötet. Ureinwohner werden um ihr Land gebracht und ihrer traditionellen Kultur beraubt. Wer sich widersetzt, findet nicht selten ein gewaltsames Ende. Es sind unerträgliche Zustände.

Den Konsumenten in den Industriestaaten ist die Katastrophe nicht entgangen. Naturschutzorganisationen prangern die fortschreitende Zerstörung an und fordern eine Umstellung. Die Verbraucher sollten Palmöl meiden, was angesichts dessen Omnipräsenz allerdings wie eine Sisyphosaufgabe klingt. Trotzdem schauen immer mehr Menschen beim Einkauf auf die Etiketten. Auch in der Politik kommt die Botschaft langsam an. Die EU hat beschlossen, das tropische Fett bis 2030 komplett aus Biodiesel zu verbannen. Frankreich ist da deutlich weiter. Dort verbietet ein Gesetz schon heute die Verwendung von Palmöl für Kraftstoffe. Diese und weitere Schritte führten in einigen Anbauländern bereits zu vehementen Protesten. Nichts soll dem lukrativen Geschäft im Wege stehen. Malaysische Plantagenbauern trugen bei Demonstrationen Pappschilder mit der Aufschrift »Stop insulting our palm oil!« – »Hört auf, unser Palmöl zu beleidigen!« Kritik, auch sachlich klar fundierte, ist halt nicht jedermanns Sache.

Treiber – die apokalyptischen Reiter der Umweltzerstörung

Es geht aber um mehr. Das Drama um *Elaeis guineensis* steht repräsentativ für ganze Netzwerke aus negativen Einflüssen, die unseren Planeten gar nicht mehr langsam, und weiterhin todsicher in den Ruin treiben. Fachleute nennen diese Faktoren Treiber. Jeder für sich bewirkt substanzielle Veränderungen, oft jedoch greifen sie ineinander, verstärken sich gegenseitig, und setzen so noch größere Umwälzungen in Gang.

> Gemeinsam ist man mächtig, das gilt auch für Teufelskreise. Die Gefahr liegt somit in der Komplexität. Gerade in einer globalisierten, beschleunigten Welt können einzelne Prozesse weitreichende und unerwartete Folgen haben – wie die berühmte Mär vom Schmetterling, der mit seinem Flügelschlag einen Orkan auslöst.

Wer solchem entgegentreten will, muss die Mechanismen genau untersuchen und ihre Verbindungen verstehen. Damit tut sich *Homo sapiens* allerdings schwer. Die letzten paar Hunderttausend Jahre Evolution mögen unserer Spezies extreme Anpassungsfähigkeit und ein Hochleistungsgehirn beschert haben, von unseren Eingriffen in die Weltmaschinerie sind wir dennoch überfordert. Wir schaffen es kaum, über die eigene Lebensspanne und die Grenzen unserer Heimatregionen hinauszudenken. Das wird zunehmend zum Problem.

Systematisch vorgehen hilft, oder beruhigt zumindest ein bisschen. Die IPBES-Autoren unterscheiden zwischen indirekten und direkten Treibern. Erstere lassen sich in fünf verschiedenen Kategorien zusammenfassen: Wertvorstellungen, Demografie, Technologie, Wirtschaft und das ganze Konglomerat aus Führungsstrukturen, Regelwerken und Koordination, welche im internationalen Neusprech meist als »Governance« bezeichnet wird. Zu den direkten Treibern zählen all jene mit unmittelbaren ökologischen Auswirkungen, nämlich Landnutzung, Ressourcenentnahme, Verschmutzung, invasive Arten und natürlich der Klimawandel. Es sind quasi die apokalyptischen Reiter der Umweltzerstörung.

> Die Erde hat also Fieber. Sie leidet unter Homo sapiens wie ein Mensch unter einer lebensgefährlichen Infektion.

Viele aber wollen das einfach nicht wahrhaben. Sie verweisen auf den Fortschritt, den wachsenden Wohlstand und die steigende Lebenserwartung. Klappt doch alles, oder? Und die paar Probleme werden wir mithilfe der Technik bestimmt in den Griff bekommen.

Nein, werden wir nicht.

Der Ressourcenverbrauch hat vor allem in den letzten Jahrzehnten einen schier unvorstellbaren Umfang erreicht. Schon 2008 konsumierte die gesamte Menschheit jährlich rund 70 Milliarden Tonnen an Primärgütern, sprich Holz, Erdöl, Fisch, Eisenerz, Getreide und so weiter. Diese Menge ist nach 1970 gut 1,7-mal schneller gewachsen als die Weltbevölkerung. Um den Bedarf dauerhaft zu decken, bräuchten wir inzwischen fast zwei Planeten, Tendenz weiterhin steigend. Mit anderen Worten:

> Wir fressen die Zukunft unserer Kinder.

Was helfen würde, wäre Mäßigung. Weniger Fleisch essen; weniger Auto fahren; kleinere, sparsame Fahrzeuge; nicht ständig neue Klamotten kaufen – das ganze Evangelium der Nachhaltigkeitsapostel, welches diese schon seit Jahren verkünden, und das zu viele von uns eigentlich nicht mehr hören wollen. Weniger wahr wird es dadurch nicht. Im Hintergrund erhebt derweil der Chor der Besitzstandswahrer seine Stimme. »Wir hier im Westen können eh nichts ändern«, lautet ihr Einwand. »Die Bevölkerungsmassen in Asien und Afrika werden alle Bemühungen zunichtemachen.« Eine reine Schutzbehauptung.

Der Pro-Kopf-Ressourcenverbrauch reicher Industrienationen beträgt im Schnitt das Fünffache jener der Entwicklungsländer. 2010 konsumierten diese wohlhabenden 15 Prozent der Weltbevölkerung knapp die Hälfte aller materiellen Güter.

Solch krasse Ungleichheit führt selbstverständlich zu weiteren Verwerfungen. Noch immer haben weltweit circa 860 Millionen Menschen keine sichere Lebensmittelversorgung. Hunger und Mangelernährung sind die Folgen. In den wohlhabenderen Staaten dagegen steigt die Zahl der Übergewichtigen stetig an, was ebenfalls reichlich Gesundheitsschäden verursacht. Die einen darben, die anderen mampfen sich praktisch zu Tode, auch mit Palmöl. Wer mag da noch glauben, *Homo sapiens* sei eine intelligente Spezies?

Der Albtraum indes ist gerade erst richtig in Fahrt gekommen. Knapp 7,8 Milliarden Menschen wuseln inzwischen auf der Erde herum, und die Mehrheit strebt genau unseren Lebensstil an. Das kann man ihnen nicht verübeln. Ständig wird fast überall das Credo von Wachstum und Konsum gesungen. Der oft verherrlichte American Way of Life ist, in seiner materialistischen Ausprägung, gewissermaßen die Idealvorstellung dieses Glaubens. Mehr ist besser, und noch mehr noch besser. Alle Kurven sollen stets aufwärts zeigen. Den irdischen Ressourcen sind allerdings klare Grenzen gesetzt. Naturgesetze lassen sich nicht biegen. Dies auf Dauer zu ignorieren, werde unsere Lebensgrundlagen zerstören, wie das Expertengremium Club of Rome bereits 1972 anmahnte.

Diesen Weckruf haben leider nur wenige erhört. Heute, knapp vier Jahrzehnte später, steuern wir weiter mit Volldampf auf die Klippen zu. Und die Katastrophe verläuft längst nicht mehr in Zeitlupe.

Wer jetzt 50 ist, wird wahrscheinlich noch gravierende Umbrüche erleben.

Was unseren Kleinen dann später drohen könnte, darüber mag man lieber gar nicht nachdenken.

Indirekter Treiber 1: Wertvorstellungen

Nehmen wir stattdessen die Treiber genauer unter die Lupe. Bei den indirekten stehen im IPBES-Bericht die Wertvorstellungen an erster Stelle – aus gutem Grund, denn wir haben ein massives Wahrnehmungsproblem. Das vorherrschende Weltbild unserer Tage ist zutiefst anthropozentrisch. Der Mensch steht im Mittelpunkt, er gilt als Maß aller Dinge, und die Natur hat ihm zu dienen. Sie ist sein, er kann mit ihr nach Gutdünken verfahren. Diese Haltung scheint uns ja schon das Alte Testament zu lehren. »… füllt die Erde und macht sie euch untertan«, heißt es dort im ersten Kapitel der Genesis. Nun, die Aufgabe können wir getrost abhaken. Doch auch Bibeldeutungen sind Produkte ihrer Zeit. Die Idee, man müsse die (lebendige) Welt quasi mit Gewalt unterwerfen, entstammt jenen Jahrhunderten, in denen der Mensch den Kräften und Launen der Natur oft ziemlich hilflos gegenüberstand. Da hat sich so einiges geändert. Kein halbwegs klarer Kopf kann das Genesis-Zitat noch als Freibrief für hemmungslose Ausbeutung nehmen. Auch viele Kirchenautoritäten lehnen die frühere Interpretation inzwischen rundweg ab. Papst Franziskus prangert in seiner 2015 veröffentlichten Enzyklika

Laudato si' vehement die fortschreitende Zerstörung des »gemeinsamen Hauses« an. Sie sei das Produkt der enormen Hybris, mit der sich *Homo sapiens* zum absoluten Herrscher über die Erde erklärt hat. »Wir sind nicht Gott«, betont Franziskus. Dem kann man sich auch als Atheist problemlos anschließen.

Die Bibel ist allerdings nur ein Stein im Wertepuzzle. Vor etwa 380 Jahren legte der französische Philosoph René Descartes eine zentrale Grundlage für die heutige, westliche Weltsicht: den Rationalismus. Der Mann war ein Querdenker, der vor allem mit dem Klerus heftig aneinandergeriet, und ein knallharter Anthropozentrist. Menschen seien potenziell »Herrscher und Besitzer der Natur«. Tiere? Im Prinzip nichts anderes als Maschinen. Descartes dürfte guten Willens gewesen sein und die Befreiung der Menschheit aus Unwissen und (religiöser) Bevormundung angestrebt haben, aber von seinen oben genannten Positionen ist es kein weiter Weg zu den industriellen Schweinemastanlagen und den brennenden Regenwäldern des 21. Jahrhunderts. Wofür brauchen wir, zum Beispiel, Wanderameisen? Was bringen die uns?

Materieller Wohlstand = Glück?
Auf den Blickwinkel kommt es an. Die ständig wiederkehrenden Fragen nach der Nützlichkeit werden häufig als utilitaristisch bezeichnet, was im aktuellen Kontext aber zu kurz greift. Der Utilitarismus ist in der Tat komplett menschenbezogen, sein Ausgangspunkt ist, in weitestem Sinne, das Streben nach Glück – siehe die US-amerikanische Verfassung. Im modernen Kapitalismus und dessen abgeleiteten Gesellschaftssystemen jedoch wird der Nutzen von Natur nach ihrem wirtschaftlichen Wert bemessen. Schließlich gilt ja: materieller Wohlstand = Glück. Alles, was die Mehrung von Vermögen bremsen« oder verhindern könnte, löst deshalb Abwehrreaktionen aus. Früher waren solche Erwiderungen

auch in Europa oft ziemlich rabiat. Noch in den Neunzigern mussten sich grüne Politiker bei Parlamentsdebatten Zwischenrufe wie »zurück auf die Bäume« gefallen lassen, Umweltschützer wurden als ungewaschenes, faules Pack diffamiert. Heutzutage ist man meist etwas subtiler, gibt sich intellektuell scharfsinnig. Da ist dann von »Ökosozialismus« und »Klimaideologie« die Rede – als ob der Monotheismus des Geldes nicht selbst eine Heilslehre wäre.

Der Wert der Natur in anderen Kulturen

Wertvorstellungen bestimmen das Handeln. Sie wurzeln in der Vergangenheit und prägen die Zukunft. Die Instrumentalisierung der Natur mag in westlichen Gesellschaften die Norm sein, alternativlos ist sie keinesfalls. Andere Kulturen haben da schon lange vorgelegt. Vor allem indigene Völker sehen sich meist in einer tiefen Beziehung zur (belebten) Welt. Das Bild einer nährenden Mutter Erde ist in ihren Religionen und Philosophien weitverbreitet, ebenso wie die Vorstellung, alle Kreaturen seien miteinander verbunden. Wie könnte es auch anders sein? Diese Menschen leben unmittelbar von und mit der Natur, sie bestimmt ihre tägliche Existenz. Ohne ihre Gaben gäbe es kein Morgen. Gleichzeitig wird Tieren und Pflanzen oft ein eigener, intrinsischer Wert zugesprochen – völlig unabhängig von ihrer Bedeutung für die Menschheit. Den anderen Kindern der Mutter Erde, unseren Verwandten, gebühre Respekt. Eine solche Sichtweise erlaubt keine blinde Ausbeutung. Sie fordert Rücksicht und Zurückhaltung, Gemeinsinn statt Herrschaft.

Eins mit der Natur

Perspektiven können sich jedoch ändern. In einigen Weltregionen beobachten Forscher einen rapiden Rückgang von überliefertem Wissen und kulturellen Traditionen. Damit geraten auch diese Werte ins Wanken. Das westliche Wohlstandsideal nimmt zunehmend ihren Platz ein. Auf der anderen Seite wird in den Industriestaaten immer mehr Kritik am »Weiter so!« laut. Die Umdenker erkennen, dass sich ihre Lebenswirklichkeit gar nicht so stark von jener der Indigenen unterscheidet. Alle sitzen im gleichen Boot. Die Städter gehen zwar nicht auf die Jagd und bestellen keine Felder, sie sind aber genauso abhängig von Luft, Wasser und der Fruchtbarkeit der Erde.

> Der Mensch ist eben nur ein Teil der Natur, komplett in sie eingebettet, auch wenn viele das nicht wahrhaben wollen und auf Sonderrechten beharren. Die gibt's nicht. Wir können die Biologie unserer Körper nicht umgehen. Hunger verhandelt nicht.

Auch die radikale Trennung zwischen *Homo sapiens* und den Millionen anderer Arten wird häufiger hinterfragt. Tiere gelten kaum noch für jemanden als seelenlose Maschinen. Eine wachsende Anzahl von Zeitgenossen will kein Fleisch mehr auf dem Teller sehen oder verzichtet ganz auf tierische Produkte. Inzwischen zweifeln immer mehr Kritiker auch die Glücksformel des Konsumismus an. Mehr ist offenbar kein Garant für besser, Lebensfreude lässt sich nicht kaufen. Das alte Wohlstandsdogma bekommt Risse. Noch aber steht es und umschließt unsere Gesellschaft wie eine riesige Mauer. Wir sind Gefangene.

Indirekter Treiber 2: Demografie

In einem wichtigen Bereich gibt sich der Mensch sehr gerne seiner animalischen Seite hin. IPBES listet als zweiten indirekten Treiber die Demografie, die man in der momentanen Lage ruhig mit Überbevölkerung gleichsetzen kann. Die

Weltpopulation hat sich in den vergangenen 50 Jahren mehr als verdoppelt, und auch der Trend für die nächsten Dekaden sieht nicht gut aus. Realistische Prognosen sehen die Anzahl der Erdbewohner im Jahr 2050 bei neun bis zwölf Milliarden. Mit anderen Worten: Unsere Spezies vermehrt sich praktisch wie die Karnickel. Das Bevölkerungswachstum ist allerdings sehr ungleich verteilt. Während in den ärmsten und instabilsten Staaten die durchschnittliche Geburtenrate gut sechs Kinder pro Frau beträgt, sind es in reichen Ländern zum Teil weniger als zwei. Ohne Einwanderung schrumpft die Bevölkerung dort also. Die Unterschiede in den Geburtenraten sind die Folge der sogenannten demografischen Transformation – ein Kulturen und Kontinente überspannendes Phänomen mit enormen Auswirkungen. Reichlich Nachwuchs zu haben war einst auch in Europa und Nordamerika die Regel. Kinder dienten als Arbeitskräfte und Altersversorgung. Abgesehen davon starben viele früh. In Deutschland betrug die Säuglingssterblichkeit im Jahr 1900 gut 22 Prozent. Logisch, dass der Begriff »Kindersegen« damals auch für die reine Anzahl galt.

Medizinischer Fortschritt, bessere Ernährung und nicht zuletzt wachsender Wohlstand brachten die Wende. Der frühere Fortpflanzungsdruck ließ nach. Von ihm befreit, wollten die Menschen lieber weniger Kinder in die Welt setzen, diesen aber den bestmöglichen Start in die Zukunft geben. Je geringer die Zahl, desto mehr kann man pro Kopf investieren. Moderne Verhütungsmethoden erleichterten die Familienplanung. Kurz darauf kam noch ein weiterer, mächtiger Faktor ins Spiel: die Emanzipation. Frauen erkämpften sich Rechte, Selbstbewusstsein und wirtschaftliche Unabhängigkeit. Sie wollten selbst bestimmen, ob und wann sie Kinder bekommen, und wie viele. Schluss mit Gebärmaschine und Heimchen am Herd! Dieser gesellschaftliche

Wandel ist zwar noch nicht vollendet, die demografische Transformation in den meisten Industrienationen dagegen schon. Inzwischen hat der Umbruch auch in anderen Ländern eingesetzt. Äthiopien hatte zu Beginn des Jahrtausends eine Geburtenrate von 6,57 Kindern pro Frau. Aktuell (2020) beträgt diese 4,10, und sie sinkt stetig weiter. Äthiopiens Ökonomie dagegen wächst seit Jahren stabil um die 10 Prozent. Ähnliche Trends lassen sich auch in Kenia, Bangladesch und anderswo beobachten. Wirtschaftliche Entwicklung drückt die Bevölkerungskurven nach unten. Dank steigender Lebenserwartung wächst zudem die Kohorte der Senioren. Weniger Kinder, mehr Alte: Manche Staaten und Regionen vergreisen sogar rapide.

Migration

Doch *Homo sapiens* ist ein rastloses Geschöpf. Nicht nur Geburten und Sterblichkeit, auch Migration spielt für die Demografie eine entscheidende Rolle. Wer die aktuellen Wanderbewegungen als neuzeitliche Erscheinung sieht, der irrt gewaltig. Neu sind hier, ebenfalls demografisch bedingt, lediglich die Zahlen. »Mobilität ist Teil der gesamten Menschheitsgeschichte«, betont der Archäogenetiker Johannes Krause. Er muss es wissen. Krause, Leiter des Max-Planck-Instituts für Menschheitsgeschichte in Jena, erforscht das Erbgut längst verstorbener Frauen und Männer, deren Überreste meist bei archäologischen Grabungen geborgen wurden. Immer wieder zeigt sich dabei, wie sehr sich schon vor Jahrtausenden Völker und Populationen vermischten. Migrationswellen durchquerten zum Teil ganz Europa. Wo sich Einwanderer niederließen, änderte sich nicht nur die Bevölkerungsdichte. Die Menschen hatten Innovationen im Gepäck, wie Johannes Krause erklärt. Sie prägten den Lauf der Geschichte. »Handel, Austausch, Migration und Mobilität haben dazu geführt, dass sich Technologien und Ideen weiterverbreiten konnten, dass es überhaupt kulturelle Evolution gab.«

Auch heute setzt sich diese Dynamik fort. Mittlerweile leben weltweit rund 220 Millionen Personen außerhalb ihres Geburtslandes. Viele sind unfreiwillig gegangen. Kriege, Armut, Unterdrückung und zunehmend auch ökologische Probleme vertreiben die Menschen aus ihrer Heimat.

Experten schätzen, dass es global bereits mehrere Millionen Umweltflüchtlinge gibt. Der Klimawandel dürfte diese Zahl weiter in die Höhe treiben. Wo Dürren und Hitze die Lebensgrundlagen zerstören, verlieren vor allem die Bauern ihre Existenz. Wer nicht geht, dem droht bald Hunger.

Oft jedoch bleibt ein Teil der Familie vor Ort und schickt die Jüngeren weg, um in Städten oder reicheren Ländern Geld zu verdienen. Das kann Not lindern, aber auch die Wirtschaft in ihren Herkunftsregionen weiter schwächen, denn es fehlt dadurch an Arbeitskräften. Der eh schon geplagte ländliche Raum blutet praktisch aus.

Urbanisierung
Die Urbanisierung dagegen nimmt rapide zu. 2014 lebten erstmals mehr Menschen, nämlich vier Milliarden, in Städten als auf dem Land. 2050 werden es wohl zwei Drittel der Weltbevölkerung sein. Am ausgeprägtesten ist dieser Boom in den Entwicklungsstaaten. Verwaltung und Stadtplaner sind dort meist überfordert, oder es kümmert einfach niemanden. Beides hat dramatische Folgen. Riesige Slums ohne Versorgungsinfrastruktur wuchern unkontrolliert weiter, ihre Bewohner leiden häufig unter Kriminalität und Seuchen. Mitte dieses Jahrhunderts könnten weltweit bis zu drei Mil-

liarden Menschen in solchen Armutsvierteln leben. Volkswirtschaftlich gesehen jedoch bietet die Urbanisierung auch viele positive Impulse. Ballungszentren sind schließlich Innovationsbrutstätten. Die Zukunft einiger Metropolen bedroht gleichwohl der Klimawandel. 11 Prozent aller urbanen Flächen weltweit liegen in küstennahem Tiefland. Durch den steigenden Meeresspiegel drohen diesen Städten früher oder später venezianische Verhältnisse.

Humankapital
Bevölkerungsentwicklungen umfassen natürlich nicht nur Zahlen und Dichten. Menschen haben Fähigkeiten, sie können Dinge vorantreiben. Man nennt das gerne Humankapital. Viele Faktoren können es mehren, allen voran Bildung und Gesundheit. Noch immer viel zu häufig unterschätzt wird dabei die Chancengleichheit für Frauen. Gerade mit Blick auf die heutigen Herausforderungen darf die Gesellschaft nicht auf die Hälfte ihres Intelligenzpotenzials verzichten – von Gerechtigkeitsfragen mal ganz abgesehen. Zum Glück hat hier vielerorts ein Umdenken eingesetzt. Zwischen 1995 und 2014 stieg der weibliche Anteil am globalen Humankapital auf circa 40 Prozent. Die Verteilung indes ist weiterhin ungleich. In manchen Weltregionen entfallen auf die Frauen noch keine 20 Prozent dieses Kapitals. Eine ebenfalls oft vernachlässigte Gruppe sind die indigenen Völker und lokalen Gemeinschaften (englisch abgekürzt IPLC). Sie verfügen allerdings über wertvolles Wissen, welches entscheidend zur Lösung vieler (ökologischer) Probleme beitragen kann. Diese Kenntnisse zu schützen muss somit hohe Priorität haben. Leider neigt westlich geprägte Bildung dazu, die traditionelle Wissensvermittlung solcher Kulturen zu verdrängen. Die Versöhnung dieser beiden Lernwelten ist schwierig, aber möglich. Dazu später mehr.

Indigene galten lange als primitiv, eine typische Überheblichkeit moderner Kulturkreise. Die Abwertung bezieht sich vor allem auf angeblich fehlende technologische Errungenschaften und übersieht dabei eine Fülle von Methoden und Strategien zur klugen Bewirtschaftung von Naturressourcen. Australische Aborigines zum Beispiel setzten gezielt Buschfeuer ein. Sie gestalteten damit den Landschaftsbewuchs und steigerten so ihre Jagderträge. In Indien verfügen Dorfgemeinschaften bis heute über jahrhundertealte Netzwerke aus Kanälen und Teichen, um Regenwasser aus den Bergen optimal zu nutzen. Hochinteressant ist auch die *terra preta*, übersetzt »schwarze Erde«, die an vielen Stellen am Amazonas zu finden ist. Analysen haben ihre Herkunft aufgezeigt. *Terra preta* besteht überwiegend aus verbranntem Biomüll, durchsetzt mit Knochen, Fischgräten und eventuell auch Fäkalien. Die Ureinwohner brachten solchen Kompost wahrscheinlich auf ihren Feldern und in Gärten aus – zur Verbesserung der Bodenfruchtbarkeit. Der Einfall der Europäer bereitete dieser Form von Permakultur offenbar ein jähes Ende.

Indirekter Treiber 3: Technologie

In unseren Tagen hat sich die Technologie zu einem mächtigen, die Welt ständig verändernden Treiber entwickelt. Landwirtschaft inklusive. Die Züchtung neuer Nutzpflanzensorten, der Einsatz von Kunstdünger und Pestiziden und großflächige Bewässerung ließen die Ernteerträge vor allem in der zweiten Hälfte des 20. Jahrhunderts sprunghaft ansteigen. Man schwärmte von einer »Grünen Revolution«. Tatsächlich hilft dieser Fortschritt, Hunderte Millionen Menschen täglich satt zu bekommen – zumindest vorerst. Der Preis ist aber hoch.

Agrochemikalien belasten die Umwelt und die Gesundheit der Bauern; Monokulturen zerstören die Landschaft und führen mancherorts zu einer Verarmung des Speiseplans. Bewässerung wiederum zehrt Grundwasserreserven und Flüsse aus. Die Grüne Revolution frisst ihre eigenen Grundlagen.

Genetisch manipulierte Gewächse haben die Lage in einigen Regionen zusätzlich verschärft. Dennoch zeigt die umgreifende Technologisierung der Landwirtschaft auch einen weiteren, positiven Effekt: Durch die Ertragssteigerungen wurde und wird weniger Boden benötigt. Intensivierung kann die Konvertierung von Naturflächen zu Äckern bremsen. Die Fachwelt spricht diesbezüglich von *land sparing*, zu Deutsch Landschonung. Einer Modellrechnung[1] zufolge konnten bis 2010 allein dank genetisch manipulierter Baumwolle, Mais und Soja theoretisch rund 13 Millionen Hektar eingespart werden.

Energiegewinnung

Technische Innovationen verändern auch die Energiegewinnung – im Großen wie im Kleinen. Wenn Haushalte in Entwicklungs- und Schwellenländern ihre Versorgung auf Gas oder Elektrizität umstellen, senkt dies den Verbrauch von Brennholz. Der Wald profitiert, und die Menschen sparen Arbeitszeit ein. Rauchvermeidung verringert zudem Gesundheitsrisiken, vor allem in den Hütten der Armen. Die viel größere energiewirtschaftliche Wende hin zu erneuerbaren Quellen wird dem Klimaschutz dienen. Hier gibt es bereits eine Reihe wirksamer Neuerungen, doch auch diese haben negative Nebenwirkungen. Windräder töten Vögel und Fledermäuse, Wasserkraftanlagen beeinträchtigen ganze Flussökosysteme, und die Verwendung von Biomasse hat gerade in den Tropen zu enormen Verwerfungen geführt, siehe Palmöl.

Technologie zeigt sich immer wieder als zweischneidiges Schwert. *Homo sapiens* mag zwar unschlagbar erfindungsreich sein; seine Kreationen jedoch, all diese glänzenden Golems, bekommt er kaum in den Griff. Wie ein Zauberlehrling allein zu Haus.

Indirekter Treiber 4: Wirtschaft

Gehen wir zum vierten indirekten Treiber: der Wirtschaft. Ähnlich wie die Demografie unterliegt auch sie einer Abfolge grundlegender Veränderungen. Ökonomien wandeln sich. Am Anfang ihrer Entwicklung basieren sie hauptsächlich auf dem primären Sektor, sprich der Erzeugung von Nahrung und der Gewinnung von Rohstoffen. Die zweite Stufe der Transformation ist die Industrialisierung. Der Fokus verlagert sich auf die (massenweise) Herstellung von Konsumgütern. Ab einem bestimmten Punkt übernimmt der Dienstleistungssektor inklusive Finanzwirtschaft die Hauptrolle. Diese Darstellung ist natürlich grob vereinfacht, gibt aber den generellen Verlauf auf nationaler Ebene gut wieder. Auch die westlichen Staaten sind diesen Weg gegangen. Letztere dauerte Jahrhunderte und ist vermutlich noch nicht zu Ende. Anderswo hat der Wandel gerade erst angefangen. Viele afrikanische Länder verfügen kaum über eine eigene Industrie. Der Großteil ihrer Einkommen beruht auf Rohstoffexporten. Die Fokussierung auf einige wenige solcher Güter macht deren Ökonomien gefährlich abhängig. Schwankende Weltmarktpreise können diese Volkswirtschaften schnell aus dem Tritt bringen.

Industrie und Verantwortung
Die Transformation hat unterschiedliche Auswirkungen auf Natur und Umwelt. Industrie führt zu einer zunehmenden

Verschmutzung, vor allem in den ersten Phasen ihres Wachstums. Mit der Zeit indes steigt die Ressourceneffizienz, es werden weniger Material und Energie verbraucht. Verbesserte Technik, strengere Regulierungen und entsprechende Investitionen lassen die Emissionen sinken. So gelang es den reichen Industriestaaten, eine Reihe ihrer Umweltprobleme zumindest weitgehend unter Kontrolle zu bringen. Die Wasserqualität in Flüssen und Seen hat sich in den vergangenen 30 Jahren spürbar verbessert. Saurer Regen, eines der schlimmsten ökologischen Schreckgespenster der Achtziger, ist kaum noch ein Thema. Weitgehend unbekannt ist auch, wie stark Teile Europas einst entwaldet waren. Dem Brennholzbedarf sowie Häuser- und Schiffsbau fielen unzählige Bäume zum Opfer. Nachpflanzen? Fehlanzeige. Eine geregelte Forstwirtschaft begann erst im 18. Jahrhundert. Dank ihr sind heute, vor allem in Mitteleuropa, große Flächen wieder von Wald bedeckt. Dessen Struktur und Artenvielfalt sind zwar leider meist verarmt, aber das steht auf einem anderen Blatt.

Fleisch ist umweltschädlich!
Wirtschaftswachstum und Wandel können also ökologische Schäden lindern, doch sie gehen mit steigendem Konsum einher – was weitere, zum Teil gewaltige, Störungen auslöst. Beispiel Fleisch: Die kleinen Niederlande beherbergen innerhalb ihrer Grenzen rund zwölf Millionen Schweine. Sie alle mit ausreichend Mastfutter zu versorgen, würde die heimische Landwirtschaft hoffnungslos überfordern. Ach ja, und die über 100 Millionen niederländischer Hühner sollen natürlich auch noch satt werden, von den Heerscharen an Kühen ganz zu schweigen. Was also tun, wenn man nicht praktisch jeden Quadratmeter des Landes in Acker umwandeln will? Man importiert. Riesige Mengen Soja, unter anderem aus Brasilien, halten die niederländische Viehmast

am Laufen. Dasselbe gilt für Dänemark, Deutschland, Belgien und so weiter. Hauptsache, wir Europäer können weiterhin in Fleisch schwelgen. »Schweineschnitzel, nur 4,99 Euro pro Kilo!« Bis der Arzt kommt, buchstäblich.

Artenschutz auf Kosten des Regenwaldes
Die Niederländer haben in den letzten zwei Jahrzehnten einige faszinierende Renaturierungsprojekte durchgeführt. So wurden auf der Insel Schouwen-Duiveland Hunderte Hektar Ackerflächen in Feuchtbiotope umgewandelt. Von der gezielten Vernässung profitieren vor allem bedrohte Vögel wie der Löffler und die Pfuhlschnepfe. Ein schöner Erfolg für den Artenschutz. Vom Deich aus gibt es einen guten Ausblick über die Salzwiesen und Flachwasserzonen. Ornithologen spähen begeistert durch ihre Ferngläser, das scheppernde Rufen der Wildgänse verliert sich in den Weiten der Landschaft. Was allerdings nicht vergessen werden darf: Das Vogelparadies aus zweiter Hand entstand gewissermaßen auf Kosten des Amazonas-Regenwaldes. Der verlorene Landwirtschaftsertrag muss schließlich irgendwo anders wieder wettgemacht werden. Naturverbrauch wird ausgelagert, die eigene ökologische Bilanz schöngerechnet. Bloß nicht einschränken.

Biodiesel und Brandrodung
Fachleuten bereitet dieser Effekt zunehmend Sorgen. Sie sprechen von *telecoupling*, »Fernkopplung«, und bezeichnen damit die Verknüpfung von ökologisch wirksamen Vorgängen über große Distanzen hinweg, mitunter um die halbe Erdkugel. Blicken wir noch mal kurz auf die Verwendung von Palmöl für Biodiesel. Eigentlich hätte dieser Ansatz dem Klimaschutz dienen sollen. Als pflanzliches Produkt, so lautete die Überlegung, ist das Öl durch Fotosynthese entstan-

den, der in ihm gebundene Kohlenstoff wurde zuvor als CO_2 der Atmosphäre entzogen. Biodiesel wäre somit fast klimaneutral. Die Realität sieht ganz anders aus. Waldzerstörung zugunsten neuer Palmölplantagen, häufig durch Brandrodung, dürfte bereits Gigatonnen an Kohlendioxid in die Luft geblasen haben. Auf Sumatra wüten die Feuer regelmäßig so heftig, dass in Singapur und im Süden Malaysias Smogalarm ausgelöst wird – alles für einen angeblich nachhaltigen Treibstoff, der den CO_2-Fußabdruck von Industrienationen verringern sollte. Fernkopplung in Bestform.

Ausbeutender Handel
Das Phänomen tangiert viele Sektoren und wird vom globalisierten Güteraustausch weiter angetrieben. IPBES zufolge dürften zwischen einem Viertel und der Hälfte der konsumbedingten Umweltschäden in Gebieten außerhalb der Verbraucherregionen auftreten. 30 Prozent aller gefährdeten Tier- und Pflanzenarten leiden direkt oder indirekt unter dem internationalen Handel. Die Ballung von wirtschaftlicher Macht in den Händen großer Konzerne kann die Probleme erheblich verschärfen. Immer wieder haben solche Firmen ihre Positionen ausgenutzt, um Gesetze zu umgehen, Arbeitskräfte auszubeuten und Preise zu diktieren. Die Methoden sind mal juristisch trickreich abgesichert, mal schamlos korrupt. Handelsstrukturen selbst neigen häufig dazu, Ungleichheiten zu verfestigen. Kaffee zum Beispiel wird zu etwa 70 Prozent von Kleinbauern produziert, aber weniger als ein Dutzend Importeure kontrollieren über 60 Prozent des weltweiten Kaffeehandels. Auch die Weiterverarbeitung ist stark konzentriert. In Europa beherrscht nur eine Handvoll Großröster gut die Hälfte des Markts. Die Bauern haben gegen solche Firmen keine Chance. Ihre geringen Einkommen wachsen nicht oder sinken sogar, während die Verbraucherpreise

stetig steigen. Die Armen bleiben arm, und Armut heizt leicht die Plünderung von Naturressourcen an. Wer das Schulgeld für seine Kinder nicht zahlen kann, dem ist der Urwald schnell egal.

Landraub und Finanzwirtschaft

Die dunklen Seiten des Kapitalismus richten noch einiges mehr an. Agrarfirmen kaufen für ihre Produktion großflächig Land, vor allem in Entwicklungsstaaten. Naturschutz und die Interessen der lokalen Bevölkerung werden dabei oft ignoriert. Solches *land grabbing*, de facto Landraub, hat in einigen Weltregionen rapide zugenommen. In Afrika scheinen bereits rund zehn Millionen Hektar vereinnahmt worden zu sein. Auch Savanne landet so unter dem Pflug. Die internationale Finanzindustrie trägt in vielen Fällen zu den Zerstörungen bei. Investitionen werden in der Regel nach kurz- und mittelfristigen Renditen ausgerichtet. Privatisierte Gewinne eben, und die durch Umweltschäden verursachten Kosten trägt die Allgemeinheit. Hier gibt es allerdings auch Lichtblicke.

> Eine zunehmende Anzahl von Investoren erkennt die gewaltigen finanziellen Risiken, die mit Klimawandel, Ausbeutung und ökologischen Verheerungen einhergehen. Ein kaputter Planet ist nun mal keine Grundlage für eine gesunde Wirtschaft.

2016 waren deshalb schon 23 Billionen US-Dollar an Finanzmitteln auf »verantwortliche« Weise angelegt, und der Anteil steigt weiter. Über die Kriterien für nachhaltige Investitionen wird zwar noch viel gestritten, aber die Idee ist auf dem richtigen Weg. Extrem wichtig wäre zudem die Schließung sogenannter Steueroasen. Das dort geparkte Geld stammt häufig aus unlauteren Quellen und wird gerne für weitere dubiose Geschäfte verwendet. Laut einer aktuellen Erhebung werden 70 Prozent der illegal operierenden Fischereischiffe via Steueroasen finanziert. Über Letztere fließen auch 68 Prozent des ausländischen Kapitals für die Produktion von Rindfleisch und Soja im Amazonasgebiet.

Zertifizierungen

Regulierung tut not, doch die muss nicht immer von Regierungen ausgehen. Wir Konsumenten prägen mit unseren Kaufentscheidungen die Märkte, die Produzenten wissen das nur allzu gut. Werbung dient gerne dazu, König Kunde seine Macht zu rauben. Sie soll ihn einlullen und verwirren, und viel zu oft gelingt ihr das leider auch. Die Gesellschaft indes ändert sich. Viele Menschen wollen nicht länger gedankenlos und möglichst billig konsumieren; sie wollen Verantwortung übernehmen. Was kann ich halbwegs guten Gewissens kaufen? Hier schafft Zertifizierung Abhilfe. Verbände, und zum Teil auch die Politik, legen Standards für eine ökologische, nachhaltige oder einkommensgerechte Produktion fest. Wer sich als Hersteller danach richtet, darf seine Waren entsprechend auszeichnen. Das hat Auswirkungen. Die allseits bekannten Bio-Siegel sind seit Jahren ein Erfolg, auch die Fairtrade-Zertifizierungen für gerechten Handel erfreuen sich wachsender Beliebtheit. Produzenten und Kunden profitieren gleichermaßen. Trotz einzelner Skandale zeigen die Kontrollen eine gute Einhaltung der Vorschriften. Manche Siegel sind dennoch in die Kritik geraten. Leider nicht zu Unrecht.

Der wachsende Marktanteil zertifizierter Waren weckt Begehrlichkeiten. Neue Programme mit nebulösen, für Konsumenten oft kaum überprüfbaren Versprechen sind wie Pilze aus dem Boden geschossen. Manche Konzerne haben sogar ihre eigenen Siegel kreiert. Diese nutzen in erster Linie den

Unternehmen selbst, ein Marketing-Trick zur Imageverbes-
serung. Bedenkliches geht auch bei manchen unabhängigen
Institutionen vor. Der *Marine Stewardship Council*, kurz MSC,
soll Verbrauchern bei der Suche nach nachhaltigen Fisch-
produkten helfen. Anfangs zeichnete die 1997 gegründete
Organisation tatsächlich nur ökologisch unbedenkliche Fischereien aus. Dann stieg die Nachfrage enorm an, und der MSC
wurde praktisch von seinem eigenen Erfolg erdrückt. Was
folgte, war eine schleichende Aufweichung der Standards.
In den Tiefkühlregalen der Supermärkte lag plötzlich MSC-
zertifizierter Rotbarsch, gefangen vor Island mit Tiefseeschlepp-
netzen. Die Auswirkungen auf die dortigen Kaltwasser-
Korallenriffe sind bis heute kaum erforscht. Inzwischen steht
sogar der stark überfischte Atlantische Blauflossenthun auf
der MSC-Kandidatenliste – zum völligen Unverständnis von
Biologen und Naturschützern. Wie kann eine noch immer
extrem dezimierte Großfischart nachhaltig befischt werden?
Stattdessen bräuchte es ein mehrjähriges Fangmoratorium.
Zertifizierungen reichen eben nur so weit wie die Prioritäten
dahinter.

Indirekter Treiber 5: Governance

Marktmechanismen wie diese sind Teil jenes komplexen
Geflechts mit dem Überbegriff »Governance«. Sie regelt den
Großteil menschlichen Wirkens und hat damit eine entscheidende Bedeutung für die Zukunft unserer Erde. Damit ist
sie der fünfte indirekte Treiber. Auf staatlicher Ebene trägt
die Politik die Hauptverantwortung – egal, ob sie demokra-
tisch legitimiert oder autoritär organisiert ist. Regierungen
beschließen Umweltgesetze, planen Infrastruktur, legen wirtschaftliche Rahmenbedingungen fest und weisen nicht zuletzt

Schutzgebiete aus. Anzahl und Gesamtfläche der Reservate haben in den vergangenen Jahrzehnten weltweit deutlich zugenommen. Leider lässt die Durchsetzung der Schutzbestimmungen vielerorts noch zu wünschen übrig, nicht nur in Entwicklungsländern. Dort indes kommt es regelmäßig zu Auseinandersetzungen über Landeigentum. Indigene und andere angestammte Bevölkerungsgruppen verfügen meist nicht über die entsprechenden Rechtstitel, auch wenn sie ein Gebiet schon seit Generationen bewohnen. Ähnliches gilt für die Nutzung lokaler Naturressourcen. Wird zum Beispiel der Wald zerstört, verlieren die dort ansässigen Menschen ihre Existenzgrundlage. Solche De-facto-Enteignungen sind häufig das Ergebnis von Machtmissbrauch. Bis in die höchsten Ebenen.

Klimaschädliche Subventionen
Wirtschaftspolitik mangelt es oft an Weitsicht. Besonders gravierend ist diesbezüglich die Vergabe ökologisch destruktiver Subventionen. Deutschland begünstigt im Jahr 2020 noch immer die höchst klimaschädliche Stromerzeugung mit Braunkohle. Die Gesamtsumme der direkten und indirekten Zuwendungen nimmt zwar langsam ab, betrug aber nach Angaben des Umweltbundesamtes 2016 mindestens 304 Millionen Euro. Dank dieser Steuergelder können jedes Jahr rund 150 Millionen weitere Tonnen CO_2 die Atmosphäre aufheizen. Dergleiche Absurditäten gibt es noch viel mehr, überall auf der Welt. Eine 2016 veröffentlichte Studie[2] beziffert den globalen Gesamtschaden aller Subventionen für fossile Energieträger auf 44 Milliarden US-Dollar jährlich – lokale Verschmutzung, Verkehrsunfälle und Staus inklusive. Mit ökonomischer Vernunft hat das alles nichts zu tun, doch die Heerscharen der Interessenvertreter, sprich Lobbyisten, leisten ganze Arbeit, und man will ja auch noch die nächste Wahl gewinnen.

Ein weiterer Schauplatz solchen Irrsinns ist der Fischerei-sektor. Diverse Meeresanrainer päppeln seit Jahrzehnten ihre überdimensionierten Fangflotten, allen voran die Europäische Union, Japan und China. Den Fischen tut das natürlich gar nicht gut. Über die Hälfte der weltweiten Bestände sind am Rande ihrer Belastbarkeit, ein zusätzliches Viertel ist über-fischt oder gar komplett erschöpft. Trotz dieser besorgniser-regenden Zahlen werden die meisten Fangquoten nach wie vor zu hoch angesetzt, und die Subventionen bleiben. Insge-samt dürften *per annum* rund 35 Milliarden US-Dollar an Zuschüssen fließen[3]. Da überfischte Bestände deutlich weni-ger Erträge bieten als gesunde Populationen, schätzt die Weltbank die jährlichen, durch staatliche Zuwendungen verursachten Einbußen auf circa 83 Milliarden US-Dollar. Und das Problem greift noch weiter um sich. Wenn Fischern nahe dem eigenen Hafen die Beute fehlt, fahren sie halt woanders hin. Hochgerüstete Schiffe tauchen dann vor Westafrika oder Somalia auf und gefährden dort die einheimischen Kollegen in ihrer Existenz. Die EU zahlt den lokalen Regierungen Mil-lionen Euro für die Fangrechte, aber von diesem Geld sehen die Fischer vor Ort meist nichts.

Es geht allerdings auch anders. Eine Reihe von Staaten setzt Subventionen ein, um ökologisch umzusteuern. In Deutsch-land standen den Erzeugern von erneuerbaren Energien hohe Festpreise zu. Das lohnte sich sogar für Kleinstproduzenten wie den Hausbesitzer mit einer Solaranlage auf seinem Dach. Inzwischen wurde die Förderung zwar verringert, doch für den Eigenverbrauch ist sie noch immer vorteilhaft. Im Bereich Waldschutz setzen einige Institutionen ebenfalls auf Zu-schüsse. *Payments for Ecosystem Services*, Zahlungen für Öko-system-Leistungen, heißt dieses Konzept, abgekürzt PES. Es soll Landbesitzern einen finanziellen Anreiz für den Erhalt oder die Neupflanzung von Waldflächen bieten. Die Initiatoren solcher Programme verfolgen meist mehrere Ziele gleichzeitig: zum einen den Erhalt von Lebensräumen und Biodiversität, zum anderen die Bekämpfung von Schäden an Naturressourcen, die auch für Wirtschaft und Versorgung unerlässlich sind.

> Wald wirkt langfristig. Er schützt Böden und Wasser, stabilisiert das lokale Klima und bietet Menschen Einkommen und Erholungsräume.

»Bäume spielen so viele verschiedene Rollen«, sagt der Umweltökonom Alexander Pfaff von der Duke University in Durham, USA. Pfaff ist ein ausgewiesener Experte für Waldwirtschaft. Der Forscher hat unter anderem die Effektivität von PES in Lateinamerika untersucht. Deren Bilanz ist eher durchwachsen. Vergleiche zwischen Gebieten mit Ausgleichszahlungen und Regionen ohne Subventionen zeigen häufig nur wenig Unterschied. Bei den Landbesitzern fehle oft eine neue Einsicht, meint Pfaff. »Die Personen, die solche Verträge unterzeichnen, hatten eh nicht vor, ihre Bäume zu roden.« Die Mittel müssten anders eingesetzt werden – an Brennpunkten statt dort, wo die Startbedingungen für PES-Projekte einfacher sind. »Und man muss natürlich mehr zahlen, als die Abholzung einbringen würde.«

Mehr internationale Zusammenarbeit in Klima- und Artenschutz
Nationen mögen innerhalb ihrer eigenen Grenzen so manches bewirken können, das weltweite Ausmaß der Krise erfordert jedoch multinationale, global koordinierte Lösungen. Die Atmosphäre, das Klima, der offene Ozean und die Polarregionen sind schließlich Allgemeingut. Fernkopplung bindet Ökosysteme, Menschen und Wirtschaften über

Tausende Kilometer hinweg aneinander. Auf Gedeih und Verderb. Einige Formen der internationalen Zusammenarbeit funktionieren bereits, das sogenannte Montrealer Protokoll hat in der jüngeren Geschichte sogar einen beeindruckenden Erfolg erbracht. Das 1987 initiierte Vertragswerk regelt den, inzwischen fast vollendeten, Ausstieg aus der industriellen Nutzung von Fluorchlorkohlenwasserstoffen, besser bekannt unter dem Kürzel FCKW. Nach dem Zweiten Weltkrieg wurden diese in zunehmenden Mengen als Treibgas für Sprühdosen oder als Kühlmittel eingesetzt. Man hielt sie zunächst für völlig harmlos, entdeckte aber in den Siebzigern ihre zerstörerische Wirkung auf die Ozonschicht hoch oben in der Atmosphäre. Letztere verringert die UV-Einstrahlung und bewahrt die Erde so vor einem tödlichen Sonnenbrand. FCKW zerfraßen also unser Schutzschild. Die Weltgemeinschaft erkannte den Ernst der Lage und handelte tatsächlich. Die Ozonschicht hat sich in den vergangenen Jahrzehnten weitgehend erholt. Wir können offenbar schon, wenn wir wirklich wollen.

In der momentanen Situation sucht man solche Entschlossenheit leider vergeblich. Das Anthropozän, die Ära des Menschen, hat sich bisher als ökologisches Desaster erwiesen. Hinter den grundlegenden gesellschaftlichen Kräften werden die Schäden selbst von direkten Treibern verursacht – fünf an der Zahl, nämlich Landnutzung, Ressourcenentnahme, Verschmutzung, invasive Arten und Klimawandel.

Direkter Treiber 1: Landnutzung

Einer davon stand praktisch an der Wiege der Zivilisation: die Landnutzung. Bis vor etwa 11.000 Jahren lebte *Homo sapiens* als sammelnde und jagende Spezies. Dann kamen ein paar schlaue Köpfe auf die Idee, dass man nahrhafte Wildgräsersamen nicht nur sammeln, sondern auch wiederaussäen konnte. Sie hatten den Getreideanbau erfunden. Bei anderen nützlichen Pflanzen konnte man ebenso verfahren. Es war die Geburtsstunde der Landwirtschaft. Wissenschaftler bezeichnen diesen entscheidenden Umbruch als »neolithische Revolution«, heute ist öfter von »Neolithisierung« die Rede. Zum ersten Mal scheint sie im »Fruchtbaren Halbmond«, jener lang gestreckten Region zwischen Ägypten, der östlichen Türkei und dem Delta von Euphrat und Tigris im heutigen Irak stattgefunden zu haben. Unabhängig davon trat die Neolithisierung auch in Ostasien, auf den amerikanischen Kontinenten und im Hochland von Neuguinea ein. Im Orient lernten die ersten Bauern schon bald, Wildschafe und -ziegen zu domestizieren. Das verbesserte ihre Proteinversorgung. Durch das Plus an verfügbarer Nahrung konnten Kinder früher abgestillt und Frauen schneller wieder schwanger werden. Die Bevölkerung wuchs, neue Sozialstrukturen entstanden. Den Rest kennen wir ja.

Globale Landnahme und Flächenfraß

Heute beansprucht der Mensch mehr als die Hälfte allen Landes auf Erden. Seine Städte, Siedlungen und Äcker breiten sich auf sämtlichen Kontinenten aus, und auch auf vielen, scheinbar naturbelassenen Steppen grast sein Vieh. Ein Ende ist leider nicht abzusehen. In den Tropen nahmen die landwirtschaftlichen Nutzflächen allein zwischen 1980 und 2000 um mehr als 100 Millionen Hektar zu. Von 1992 bis 2015 wuchsen die urbanen Areale gar auf das Doppelte an. Die Natur hat das Nachsehen. Wo Mais oder Soja wächst, ist bekanntlich kein Platz für Bäume; Hummeln und Vögel finden auf einem zubetonierten Parkplatz nichts zu essen.

Die Folgen dieser globalen Landnahme werden dennoch unterschätzt.

Zahllosen Tier- und Pflanzenarten fehlt es zunehmend an geeignetem Lebensraum, aber nicht mal in Europa gibt es wirklich wirksame Maßnahmen gegen den Flächenfraß.

Besonders betroffen sind seit Langem die Feuchtgebiete. Früher galten sie gemeinhin als wertlos, ihre »Urbarmachung« war oft Staatsaufgabe. Weltweit haben diese Grenzhabitate zwischen Wasser und Land bis zu 87 Prozent ihrer ursprünglichen Ausdehnung eingebüßt – ein ökologischer Aderlass von unvorstellbarem Ausmaß.

Aufforstungsprojekte wecken Hoffnung

Wälder wurden ebenfalls stark dezimiert. Ihre verbleibende Gesamtfläche schrumpfte zwischen 1990 und 2015 von 4,28 auf 3,99 Milliarden Hektar. Damit ist allerdings noch immer rund ein Drittel aller Landareale bewaldet. Forstpflanzungen haben einen gewissen Ausgleich geschaffen. Ihr Anteil betrug 2015 knapp 278 Millionen Hektar, Tendenz steigend. Im Rahmen der sogenannten *Bonn Challenge* versprachen über 30 Nationen und Organisationen, bis 2020 weitere 150 Millionen Hektar aufzuforsten. Dieses Ziel wurde erreicht. 2030 sollen es ganze 350 Millionen Hektar sein. Die Menge sagt zwar nichts über den ökologischen Wert von solchem Neuwald aus, aber es ist immerhin ein positives Signal. Und all diese Bäume, sollten sie tatsächlich einmal stehen, werden der Atmosphäre auf jeden Fall große Mengen CO_2 entziehen. Forst kann zudem helfen, die vielerorts grassierende Erosion und Landverödung einzudämmen. Sogar Wüsten lassen sich auf ihrem Vormarsch durch Pflanzungen stoppen. Gehölze als Allzweckwaffe, sozusagen. Für das Problem der zunehmenden

Fragmentierung ist dagegen noch keine echte Lösung in Sicht. Ausgedehnte, geschlossene Waldgebiete sind in weiten Teilen der Welt längst Mangelware. In den Tropen enthalten nur noch 20 Prozent der Regionen Wälder mit einer Größe von mehr als 500 Quadratkilometern. Verkehrswege und Siedlungsflächen zerschneiden Zigtausende Naturgebiete – nicht nur in den Industriestaaten. Den berühmten Nairobi-Nationalpark in Kenia durchquert seit 2019 eine neue Bahnlinie. Gerade auf dem afrikanischen Kontinent werden noch viele ähnliche Projekte folgen.

Wasserkraft und Gewässerschutz
Infrastruktur stellt auch für aquatische Ökosysteme eine wachsende Bedrohung dar. Staudämme liefern über Wasserkraft angeblich sauberen Strom, ohne CO_2-Ausstoß und daher klimafreundlich. Das stimmt nicht ganz. Abgesehen vom Energieverbrauch beim Dammbau setzen die Stauseen selbst ständig große Mengen Methan frei, welches den Treibhauseffekt pro Einheit 25-mal stärker anheizt als Kohlendioxid. Grund sind organische Stoffe, hauptsächlich Pflanzenreste, die sich am Boden der künstlichen Gewässer mit den Sedimenten absetzen. Dort kommt es schnell zu Sauerstoffmangel. Spezialisierte, anaerobe Bakterien zersetzen das Material und produzieren dabei statt CO_2 eben Methan. Im natürlichen Flussbett wäre das nur sehr begrenzt passiert. Laut einer 2016 veröffentlichten Studie[4] dürften sämtliche Stauseen weltweit jährlich gut 50 Millionen Tonnen Treibhausgase freisetzen. Dies entspricht 1,3 Prozent aller menschengemachten Emissionen. Noch viel größere Schäden indes richten Staudämme durch das Unterbrechen der Flussläufe an. Fische und andere Wassertiere können kaum noch oder gar nicht mehr wandern, zahlreiche Arten verschwinden. Die Sperren blockieren zudem den Sedimentfluss. Der

ständige Transport von Sand und Kies, das sogenannte Geschiebe, wird unterbrochen. Stromabwärts der Dämme fehlt diese Fracht sehr. Flüsse beginnen, sich in ihr Bett einzugraben, was unter anderem zu einem sinkenden Grundwasserspiegel im Umland führt. Auwälder trocknen förmlich aus. An den Küsten löst der Sedimentmangel verstärkte Erosion aus. Was das Meer bei Stürmen wegspült, wird nicht mehr ausgeglichen. Global gibt es inzwischen rund 50.000 Dämme mit einer Höhe von mehr als 15 Metern. Hunderte Weitere sind in Planung.

Direkter Treiber 2: Ressourcenentnahme

Vor der Neolithisierung griffen Menschen nur durch Ressourcenentnahme in den Naturhaushalt ein. Sie sammelten und jagten ihr Essen, nutzten Brennholz und stellten aus Steinen Werkzeuge her. Die ökologischen Auswirkungen waren meistens wohl vernachlässigbar, aber es scheint Ausnahmen gegeben zu haben. Steinzeitliche Jäger könnten zumindest mitschuldig am Aussterben der Mammuts und anderer Großtiere, der eiszeitlichen Megafauna, gewesen sein. Auch auf dem australischen Kontinent gibt es Hinweise prähistorischer Ausrottung, auch wenn diese umstritten sind. Klarer ist die Indizienlage in Neuseeland. Dort trieben die ersten Maoris höchstwahrscheinlich die Moas, flugunfähige Riesenvögel, in den Artentod. Die Auslöschung ganzer Spezies durch *Homo sapiens* ist also kein neuzeitliches Phänomen. Derweil geht die Jagd weiter. Wilderer töten jährlich Tausende Elefanten und Nashörner. Für deren Stoßzähne und Hörner werden vor allem in Asien Höchstpreise geboten. Pangoline, sprich Schuppentiere, landen zu Zigtausenden in chinesischen Küchen. Sie gelten als Delikatessen, und ihren gemahlenen

Schuppen dichtet man Heilkräfte an. In Ägypten und Teilen Südeuropas werden alljährig unzählige Zugvögel erlegt. Mitunter holen Schießwütige sogar wandernde Greifvögel wie den in Mitteleuropa stark gefährdeten Schreiadler, vom Himmel, nur um sich anschließend mit dem Kadaver als Trophäe fotografieren zu lassen. Männlichkeit kann ziemlich toxisch sein.

Überfischung

Selbstverständlich ist auch der Fischfang eine Form von Jagd – ein Erbeuten wild lebender Tiere. Fisch deckt momentan rund ein Fünftel des globalen Bedarfs an tierischen Proteinen. Weltweit sind fast 60 Millionen Personen in Aquakultur und Fischerei tätig. Die Industrialisierung des Handwerks hat Meeresökosysteme schwer beeinträchtigt. Mit seinen riesigen Netzen ist der Mensch in der Lage, ganze Populationen praktisch wegzufangen. Traurige Berühmtheit erlangte diesbezüglich der Kabeljau im Gebiet der »Grand Banks« nahe der kanadischen Insel Neufundland. Dieser einst enorme Bestand war fast 500 Jahre lang der wohl wertvollste Schatz im Atlantik. Um vor Neufundland ihre Leinen auswerfen zu können, nahmen europäische Fischer wochenlange Reisen über den oft stürmischen Ozean in Kauf. Der Reichtum schien unerschöpflich, die Fischerei lief zu Hochtouren auf. In den Sechzigern wurden jährlich über eine Million Tonnen nordwestatlantischer Kabeljau gefangen. Bei einem Durchschnittsgewicht von, sagen wir fünf Kilo wären das mehr als 200 Millionen Fische. Pro Jahr. Das konnte auf Dauer nicht gut gehen. Nach einem ersten Einbruch in den Siebzigern kollabierte der Bestand 1992 komplett. Seine Biomasse betrug nur noch etwa ein Prozent der ursprünglichen Menge. Trotz jahrelanger Fangverbote und weiterer Maßnahmen hat sich die Population bis heute nicht erholt.

Waldrodungen
Vom Wasser zurück an Land, wo Bäume die wichtigste le-
bende Naturressource sind. 2017 wurden rund um den Erd-
ball geschätzt knapp vier Milliarden Kubikmeter Holz ge-
schlagen, etwa die Hälfte davon als Brennholz. Ein Viertel
dieser Menge wiederum wird nach Expertensicht nicht nachhaltig gewonnen. Mehr als 250 Millionen Bauern und Dorf-
bewohner leben in Gebieten mit Holzmangel, die meisten in
Südasien und Ostafrika. Die Überentnahme dezimiert Baumbestände und Buschwerk; Erosion und Landverödung sind
die Folgen. Wüsten breiten sich aus. In den tropischen Wald-
gebieten dagegen richtet vor allem die Gier nach wertvollem
Nutzholz Übles an.

Illegaler Holzeinschlag stellt 10 bis 15 Prozent der gesamten Weltproduktion.

In der Demokratischen Republik Kongo dürfte fast sämtliches
Exportholz aus kriminellen Machenschaften stammen. Extrem hohe ungesetzliche Quoten gibt es auch in Ghana,
Kamerun, Laos und Papua-Neuguinea. Korruption begünstigt die dunklen Geschäfte. Solche Missstände gibt es übrigens nicht nur in Entwicklungsländern. Naturschützer kämpfen seit Jahren gegen illegale Rodungen in den rumänischen
Karpaten. Die Abnehmer, vor allem von Buchenholz, sind
zum Teil mitteleuropäische Firmen. So mancher Esstisch
hierzulande stand vor noch gar nicht langer Zeit in der trans-
silvanischen Wildnis.

Toxischer Abbau von Bodenschätzen
Bergbau kann ebenfalls große Schäden anrichten. Offene
Gruben zerstören ganze Landschaften, ihr Sickerwasser ist
oftmals hochgradig giftig. Falsch gelagerter, toxischer Minen-
schlamm hat bereits mehrere Katastrophen verursacht. Einer

der wertvollsten Bodenschätze ist gleichzeitig einer der gefährlichsten: Gold. Die verbleibenden Fundplätze des Edelmetalls liegen meistens in schwer zugänglichen Gefilden. Glücksritter schreckt das nicht ab. Sie dringen mit Booten auch in den tiefsten Dschungel vor und errichten dort ihre Lager. Bäume stehen im Weg, werden also beseitigt. In Guyana sind 41 Prozent der Waldverluste auf die Goldgewinnung zurückzuführen, im südwestlichen Amazonas 28 Prozent. Die Probleme reichen allerdings noch weiter. Um Gold von Erz zu trennen, benutzen die Schürfer Quecksilber, flüchtig und überaus toxisch. Nach Gebrauch landet es in der Umwelt. Quecksilber verseucht die Luft und die Flüsse und reichert sich über die Nahrungskette an. Mit den Fischen kommt das Nervengift dann irgendwann beim Menschen auf den Teller. Inzwischen ist die Goldsuche zur weltweit größten Ursache von Quecksilber-Verschmutzung geworden. Eine Lösung ist nicht mal ansatzweise in Sicht.

Ein Binnenmeer verschwindet

Von einer Ressource indes bemerkt man den wahren Wert erst, wenn sie schwindet. Tief in den Steppen Zentralasiens, im heutigen Grenzgebiet zwischen Kasachstan und Usbekistan, vollzog sich in den vergangenen 40 Jahren ein gewaltiges Drama. Der Aralsee trocknete aus. Das ehemals 68.000 Quadratkilometer messende Binnenmeer, eine Wasserfläche mehr als anderthalb Mal so groß wie die Schweiz, hatte mit seinem Fischreichtum die Anwohner ernährt und unzähligen Tieren einen Lebensraum geboten. Vorbei. Was blieb, war eine desolate Salzwüste mit ein paar lakegefüllten Restseen am Rande. Verursacht wurde das Desaster hauptsächlich durch die Landwirtschaft. Die Sowjetunion hatte nach dem Zweiten Weltkrieg vor allem den Baumwollanbau an den Zuflüssen Amudarja und Syrdarja massiv ausgeweitet. Die

Gewächse brauchten ständige Bewässerung, denn das Klima der Region ist ziemlich trocken. Auf den Aralsee nahmen die sowjetischen Agraringenieure keine Rücksicht. Fortschritt über alles. Nach der politischen Wende ging der Raubbau unvermindert weiter. Usbekistan setzt weiterhin auf Baumwolle, das »weiße Gold« ist ein wichtiges Exportgut. Moderne, wassersparende Bewässerungstechnik kommt kaum zum Einsatz.

Süßwasser wird knapp

Der Aralsee ist leider eines von vielen Extrembeispielen. In immer mehr Weltregionen wird das Süßwasser knapp. Die Welternährungsorganisation FAO schätzt, dass die globale Entnahme seit 1900 von 600 auf 4.000 Kubikkilometer gestiegen ist. Einst mächtige Ströme wie der Indus oder der Colorado sind nur noch ein Schatten ihrer selbst. Stauseen steigern die Verluste durch Verdunstung von ihren Oberflächen. Auch die unterirdischen Reserven werden kräftig angezapft. Von den 37 größten Grundwasserspeichern unseres Planeten gelten 21 als zu stark beansprucht. Der Mensch pumpt mehr ab, als nachfließen kann. Am durstigsten ist die Landwirtschaft. Sie verbraucht gut zwei Drittel allen gewonnenen Grundwassers. Doch die Bewässerung bringt Bauern nicht nur Vorteile. Sie führt unter Umständen zu einer schleichenden Bodenversalzung. Der Hintergrund: Das eingesetzte Wasser enthält häufig geringe Salzkonzentrationen oder ist gar brackig. Hitze, Wind und Pflanzen lassen das Nass verschwinden, während das Salz in der Scholle verbleibt. Mit der Zeit kann es sich anreichern. In Küstennähe tritt häufig ein weiteres Problem auf: Durch exzessiven Grundwasserentzug bekommt das Meer die Gelegenheit, in den Boden einzudringen. Noch mehr Salz. Die Brunnen sind danach natürlich unbrauchbar.

Direkter Treiber 3: Verschmutzung

Verschmutzung ist praktisch der Gegenpol von Ressourcenentnahme. Der Mensch verbraucht und produziert dabei, im weitesten Sinne, Abfall. Dazu gehört selbstverständlich auch CO_2. Fast jeder Organismus atmet es aus, Pflanzen benötigen es für ihre Fotosynthese. In der Atmosphäre wurde das Gas erst zum Problem, als *Homo sapiens* dessen Konzentration künstlich in die Höhe zu treiben begann. Die Nutzung fossiler Brennstoffe hat den sonst gut justierten Kohlenstoffzyklus aus dem Gleichgewicht gebracht. Ob Steinkohle, Braunkohle, Erdöl oder Erdgas: Es ist alles uralte Biomasse, die zum Teil schon vor Hunderten Millionen Jahren von geologischen Prozessen in der Erdkruste vergraben und dort mineralisiert wurde. Jetzt gelangen diese Massen schlagartig wieder in den Kreislauf. Die atmosphärische CO_2-Konzentration ist über 44 Prozent angestiegen. Die Zunahme verstärkt die physikalische Wärmerückhaltung, sprich den Treibhauseffekt. Andere Gase wie Stickstoffoxide (NO_x), Schwefeldioxid (SO_2) und das bereits erwähnte Methan tragen ebenfalls dazu bei. Letztlich kann nur ein drastischer Rückgang der Emissionen die globale Überhitzung verhindern.

Viele der größten Verschmutzer, die Industriestaaten, haben ihren Ausstoß angeblich gezügelt, in Wahrheit jedoch eher verschoben – in die Schwellen- und Entwicklungsländer. Produktionsverlagerung und globalisierter Handel machen's möglich. Ungefähr 30 Prozent aller entweichenden Treibhausgase sind auf solche Aktivitäten zurückzuführen.

Luftverschmutzung

Die »klassische« Luftverschmutzung zeigt heutzutage ein ähnliches Verteilungsmuster. In Europa und Nordamerika wurde sie in den vergangenen Jahrzehnten dank Luftreinhaltemaßnahmen deutlich gesenkt, während die Belastung anderswo, vor allem in Teilen Asiens und Afrikas, stark zunimmt. Smog sucht die Metropolen heim. Die dicke Luft enthält unter anderem massig Feinstaub, was für die Menschen ein enormes Gesundheitsrisiko bedeutet. Rußpartikel mit weniger als 2,5 Mikrometer Durchmesser können tief in die Lungen eindringen und auf Dauer potenziell tödliche Krankheiten auslösen. Schwefeldioxid, einer der Hauptverursacher des »sauren Regens«, entstammt zum größten Teil der Industrie und Kohlekraftwerken. Rauchgasentschwefelung ist leider noch nicht überall Standard. Mehr als verdoppelt haben sich jene SO_2-Emissionen aus der Schifffahrt, eine Folge des gestiegenen Weltwarenverkehrs und der Nutzung von billigem schwefelreichen Schweröl als Treibstoff. NO_x wiederum sind typisch für Autoabgase, fallen aber auch in vielen anderen Bereichen an. Ihre Mehrfachwirkung macht sie besonders problematisch. Stickstoffoxide belasten Klima und Gesundheit und tragen zur Entstehung von saurem Regen bei. Zusätzlich aber können sie sensiblen Ökosystemen eine schädliche Düngung bescheren. Zu viel des Guten, per Ferntransport aus der Luft.

Überdüngung

Nährstoffzufuhr ist ein schwieriger Fall. Sie bringt blühendes Leben hervor und bedroht gleichzeitig ganze Lebensgemeinschaften. Zwischen beiden liegt oft nur ein schmaler Grat, entscheidend sind die Mengen und die Eigenschaften der betroffenen Biotope. Hochmoore zum Beispiel sind überaus karg. Ihre durchnässten, stark sauren Torfböden enthalten kaum biologisch verfügbaren Stickstoff. Flora und Fauna haben sich allerdings gut auf den Mangel eingestellt. Manche verfügen über erstaunliche Fähigkeiten. Die »fleischfressenden« Pflanzen der Gattung *Drosera*, zu Deutsch Sonnentau, fangen mit klebrigen Blättern Insekten, über deren Proteine sie ihren Stickstoffbedarf decken. Das saure Milieu macht den Gewächsen nichts aus. Gegen eines sind die allermeisten Moorspezialisten gleichwohl nicht gewappnet: Konkurrenz. Wenn mehr Nährstoffe ins System gelangen, strömen schon bald andere Spezies herbei. Gräser und Gehölze überwuchern die ursprüngliche Vegetation, seltene Arten verschwinden gleich dutzendweise. Ähnlich zerstörerisch wirkt sich Düngung auf Magerwiesen und Sandheiden aus. Gerade in Europa ächzen komplette Landstriche unter einer wahren Stickstofflast. In Form von Nitrat verseucht es vielerorts auch das Grundwasser. Phosphor, der zweite wichtige Pflanzennährstoff, gelangt ebenfalls in zu großen Mengen in die Umwelt – sehr zum Leidwesen der Gewässer.

So geht das Gespenst der Eutrophierung, der Überdüngung, um, noch immer. Es macht Seen so grün wie Erbsensuppe und lässt Fische zu Zigtausenden kieloben treiben. Schuld ist eine ökologische Kettenreaktion. Phosphor und Stickstoff setzen an der Basis der Nahrungspyramide an. Als Dünger stimulieren sie die sogenannte Primärproduktion, die Schaffung von Biomasse. An Land wird diese Aufgabe von den Pflanzen übernommen, im Wasser dagegen spielen einzellige Algen, das Phytoplankton, die Hauptrolle. Im Normalfall gilt: je mehr Nährstoffe, desto stärker das Algenwachstum. Phytoplankton ernährt Milliardenheere von winzigen Krebsen und anderes Kleingetier, das Zooplankton, welches selbst wiederum Fischen als Speise dient. Die Lebenserwartung einer Algenzelle ist also nicht besonders hoch. Haben sie und ihre Verwandten sich jedoch extrem stark vermehrt,

Stichwort Algenblüte, kommen die hungrigen Kostgänger nicht mehr nach. Statt gefressen zu werden, stirbt das Phytoplankton ab. Für die Gilde der wasserlebenden Bakterien bedeuten die Massen an toten Zellen einen Ausflug ins Schlaraffenland. Leider verbrauchen die Mikroben beim Verzehr Unmengen Sauerstoff. Sinkt die O_2-Konzentration unter einen kritischen Wert, »kippt« das Gewässer. Dann droht auch seinen anderen Bewohnern akut der Tod.

Eutrophierung ist kein rein von Menschen gemachter Prozess. Flussunterläufe und so manche Seen sind von Natur aus nährstoffreich. Ihre ökologische Balance bleibt dennoch intakt, weil sich die Lebensgemeinschaften auch hier wieder an den Stoffhaushalt angepasst haben. Wehe aber, wenn der Mensch zu sehr hineinpfuscht. Häusliche Abwässer – also alles, was die Kanalisation runterschwappt – strotzen geradezu vor Phosphor- und Stickstoffverbindungen. Früher flossen sie ungeklärt in den nächsten Fluss oder See. Donau, Rhein und Elbe setzte die Dauerbelastung schwer zu, die Themse in London verkam gegen Ende des 19. Jahrhunderts gar vollends zur stinkenden Kloake. Die modernen Industriestaaten haben das Problem mithilfe von Kläranlagen einigermaßen in den Griff bekommen, in Entwicklungs- und Schwellenländern wie Indien dagegen wiederholt sich die Geschichte. Dass im heiligen Fluss Ganges überhaupt noch Fische und Delfine leben, kommt Biologen schon fast wie ein Wunder vor. Ein zunehmender Anteil der Eutrophierung wird heutzutage vom Düngerüberschuss aus der Landwirtschaft bewirkt. Natürlich kommen Schadstoffe auch selten allein. Zu den Stickstoff- und Phosphorfrachten gesellen sich Pestizide, Rückstände von Medikamenten sowie allerlei Giftiges aus der Industrie. Schätzungen der Vereinten Nationen zufolge dürften rund 80 Prozent der weltweit anfallenden Abwässer nicht oder nur ungenügend geklärt werden. Das entspricht 300 bis 400 Millionen Tonnen gelösten Drecks, die jedes Jahr den Bach runtergehen. Und am Ende landet fast alles im Meer.

Gift und Plastik im Meer

Die gewaltigen Salzwassermassen sind geduldig. Sie verdünnen, bauen ab, deponieren und recyceln. Vieles verschwindet wieder in den Naturkreisläufen, aber nicht unbedingt auf Dauer. DDT, Schwermetalle und andere chemische Übeltäter verbleiben in den Nahrungsketten, wandern in die entlegensten Regionen und reichern sich unter anderem in Meeressäugern an. Arktische Belugawale weisen in ihren Organen eine bis zu zwanzigfach erhöhte Quecksilber-Konzentration auf. Ihr Fettgewebe ist zudem stark mit PCB (polychlorierte Biphenyle – eine Gruppe einst häufig verwendeter Industriechemikalien) kontaminiert. Doch damit nicht genug der Plagen. Neben den ganzen meist unsichtbaren Belastungen leiden die Ozeane bekanntlich auch unter fortwährender Vermüllung.

Fachleute schätzen, dass die Menschheit alljährlich über 300 Millionen Tonnen Plastikabfälle produziert, und die Menge nimmt weiter zu. Bis zu 5 Prozent davon gelangen direkt oder über Flüsse in die Weltmeere.

Anne-Leïla Meistertzheim kennt die Folgen aus nächster Nähe. Die Biologin des Observatoire Océanologique im südfranzösischen Banyuls-sur-Mer (OOB) widmet sich schon seit Jahren der Plastikpest. 2014 untersuchten sie und einige Kollegen an Bord des Forschungsschiffs *Tara* die Kunststoffkontamination des westlichen Mittelmeeres. In manchen Gebieten fanden die Wissenschaftler genauso viele Plastikteilchen wie Zooplankton. »Das ist zu viel«, sagt Meistertzheim trocken. Kein Wunder also, dass der Müll längst auch in die Nahrungskette eingedrungen ist. Muscheln zum Beispiel filtern massig Mikroplastik aus dem Wasser. Könnte der Verzehr von Meeresfrüchten deshalb ein Gesundheitsrisiko sein? »Bislang weiß man das noch nicht«, erklärt Anne-Leïla Meistertzheim. Die Muschelzüchter indes machen sich schon Sorgen. Verständlicherweise.

Auf der anderen Seite der Erdkugel, in Indonesien, fahndeten Forscher auf einem Markt nach Plastik in den dort verkauften Fischen. In 28 Prozent der Tiere wurden sie fündig[5]. Dasselbe Team beprobte auch die Ware im kalifornischen Fischhandel – mit sehr ähnlichem Ergebnis: 25 Prozent belastete Exemplare. Dort bestand der Großteil der Teilchen allerdings nicht aus zerbröselten Kunststofffolien und ähnlichen Müllresten, sondern aus Kleidungsfasern. Polyester, Polyamid & Co. sind aus der Bekleidungsindustrie kaum noch wegzudenken, das bei Naturfans so beliebte Outdoorsegment setzt sogar fast vollständig auf Synthetik. Mit jedem Waschgang verlieren die Stücke Fasern. Und ab in die Kanalisation. Die Klärwerke (wenn vorhanden) halten das Zeug allerdings nur unvollständig zurück. Welche Mengen davon letztlich in der Umwelt vagabundieren, weiß niemand. Eine ebenfalls oft unterschätzte Schmutzquelle ist der Reifenabrieb. Er kontaminiert Wasser, Boden und die Luft. Allein in der Schweiz dürften laut der Eidgenössischen Materialprüfungs- und Forschungsanstalt (Empa) in den vergangenen 30 Jahren rund 200.000 Tonnen des schwarzen Staubs angefallen sein.

Direkter Treiber 4: Invasive Arten

Homo sapiens erledigt nicht alles eigenhändig, auch andere Arten sind längst zum ökologischen Problemfall geworden. Tatort Rhein: Bei Niedrigwasser fallen die Buhnendämme trocken und geben den Blick auf graue Schuttsteine frei. Wer einen umdreht, löst sofort hektische Aktivität aus. Die unter dem Stein lebenden Flohkrebse suchen eiligst das Weite. So weit, so normal. Was da jedoch herumwuselt, gehört nicht zur heimischen Gattung *Gammarus*. Es sind Große Höckerflohkrebse, zoologisch *Dikerogammarus villosus*, eine ursprünglich am Schwarzen Meer beheimatete Spezies. Sie zogen in den 1990ern die Donau hinauf und gelangten über den Rhein-Main-Donaukanal ins Rheinsystem. Faszinierende Geschöpfe. Ein Höckerflohkrebs ist gewissermaßen ein *Tyrannosaurus rex* in Kleinstformat. Die agilen Tierchen fressen praktisch alles, was ihnen vor die Mundwerkzeuge schwimmt. Nicht mal größere Gegner wie Libellenlarven, selbst aggressive Prädatoren, sind vor ihnen sicher.

Die Fauna des Rheins und seiner Nebenflüsse hat durch die Invasion stark gelitten. Heimische Flohkrebse (*Gammarus spec.*) sind aus den Hauptströmen verschwunden, sie mussten sich in die Bäche zurückziehen. Viele andere Wirbellose wurden stark dezimiert. Die Höckerflohkrebse indes waren nur Teil einer viel größeren Einwanderungswelle. Mehrere Fischarten nahmen denselben Weg in den Westen, darunter verschiedene Arten sogenannter Grundeln – gut fingerlange Bodenbewohner mit einem erstaunlichen Appetit. Für die Hobbyfischerei sind sie zur gewaltigen Plage geworden, fast jede Art von Köder wird (an)gefressen. Die Zuzügler aus dem Schwarzmeergebiet blieben nicht unter sich. Ungefähr zur gleichen Zeit breiteten sich auch asiatische Körbchenmuscheln (*Corbicula spec.*) in Westeuropas Flüssen aus. Sie kamen zunächst stromaufwärts, wahrscheinlich aus den Häfen von Rotterdam und Bremen, wo sie wohl als blinde Passagiere mit Schiffen eingetroffen waren. Schon bald hatten die fernöstlichen Schalentiere große, zum Teil sogar extrem dichte Populationen aufgebaut. Gemeinsam krempelte die Schar an neuen Arten die Flussökosysteme um. Die Langzeitfolgen wurden bislang nur ansatzweise untersucht. Sicher scheint nur: Sie sind gewaltig. Auch anderswo auf der Welt verursachen Neozoen und Neophyten, »neue Pflanzen«, gravierende Probleme. Die Invasoren rotten heimische Arten aus, zerstören Lebensräume, schaden der Landwirtschaft und übertragen Krankheiten. Ihre Mobilität verdanken sie heute meist dem menschlichen Transportwesen, früher indes wurden solche Spezies auch gezielt angesiedelt. *Homo sapiens* wollte mal wieder etwas ausprobieren. Zauberlehrling halt.

Direkter Treiber 5: Klimawandel

»Stehe, stehe!«, möchte man rufen; die Tür zum Horrorkabinett öffnet sich allerdings noch weiter. Wie stark die anderen vier direkten Treiber auch gewütet haben mögen, der Klimawandel wird vermutlich alles Bisherige in den Schatten stellen. Schon heute ist die globale Durchschnittstemperatur im Vergleich zum vorindustriellen Zeitalter um ungefähr 1 °C erhöht. Auf dem Thermometer mag das minimal aussehen, die Folgen dagegen sind es nicht. Gletscher und polares Packeis schmelzen, was wiederum den Meeresspiegel steigen lässt. Die momentane Rate beträgt ungefähr drei Millimeter im Jahr, wahrscheinlich nimmt sie weiter zu. Einige kleinere Pazifikinseln könnten bereits in den nächsten Jahrzehnten untergehen. Niederschlagsregime ändern sich. Während in manchen tropischen Regionen mehr Regen fällt, gehen die Mengen gerade in vielen Trockengebieten zurück. Dürren treten häufiger auf. Die Natur leidet, den Menschen dort droht Hunger – falls er sie nicht eh schon regelmäßig heimsucht. Zusätzlich scheinen sich die Wetterextreme zu häufen. Experten sagen mehr und stärkere Wirbelstürme voraus. Vor allem an den Küsten drohen immense

Schäden. Nicht nur Deichbauingenieuren stehen spannende Zeiten bevor.

Was Skeptiker immer wieder gerne hervorheben: Das Klima hat sich im Lauf der Erdgeschichte ständig geändert. Stimmt. Noch vor 20.000 Jahren waren große Teile Europas von Eispanzern bedeckt. Die polaren Gletscher reichten bis Berlin, auf Istrien gedieh Taigavegetation. Wie würde es unserer komplexen Gesellschaft wohl ergehen, wenn tatsächlich wieder eine solche Vereisung einträte? Wahrscheinlich aber wird das Gegenteil passieren. Tropische Nächte in Wien, sogar noch im Herbst; Badesaison an der schottischen Riviera, und Skifahren ist nicht mehr als eine ferne Erinnerung von Hundertjährigen. Die Natur indes kam mit den vergangenen Schwankungen ziemlich gut zurecht. Tierarten und Vegetation zogen den sich verschiebenden Klimazonen hinterher. Solche Wanderbewegungen haben erneut eingesetzt. Mediterrane Insekten zum Beispiel tauchen vermehrt in Mitteleuropa auf. In der Dänemarkstraße zwischen Island und Grönland kreuzen im Sommer schon Thunfische. Für viele Spezies jedoch geht der Wandel diesmal zu schnell. Sie werden nicht Schritt halten können. Abgesehen davon gibt es für Kältespezialisten auf Dauer keine Ausweichmöglichkeiten. Eisbären und Schnee-Eulen können nicht nach Norden ziehen, denn sie sind ja schon da.

Saures Meerwasser
In den Ozeanen hat derweil ein noch gefährlicherer Prozess eingesetzt. Der Kohlendioxid-Überschuss in der Atmosphäre überträgt sich auch auf sie.

CO_2 ist schließlich wasserlöslich. So wird das Meerwasser langsam zu saurem Sprudel. Der pH-Wert ist bereits um gut 30 Prozent gesunken und fällt weiter. Womöglich waren die Weltmeere seit Aussterben der Dinosaurier vor 65 Millionen Jahren nicht mehr so sauer wie heute. Unzählige Tierarten stehen vor einer Katastrophe. Ihre Gehäuse, Gerüste und Schalen bauen sie aus Kalk. Der wird von Säure angegriffen. Die potenziellen Folgen sind kaum vorstellbar.

Viele Planktonorganismen könnten durch den Kalkschwund eine ihrer wichtigsten Existenzgrundlagen verlieren. Sie aber stellen die Basis der Nahrungspyramiden. Fehlt auch nur ein Teil dieser Winzlinge, droht die Primärproduktion einzubrechen. Komplette Meeresökosysteme müssten praktisch in Hungermodus gehen. Viele Spezies dürften das nicht überleben. Ihr Verschwinden würde zu weiteren Destabilisierungen führen. In den Tropen würden die ohnehin schon durch die Erwärmung des Wassers von Bleichen heimgesuchten Korallenriffe noch weiter unter Druck geraten, weil ihre Stöcke ebenfalls aus Kalk bestehen. Was für ein Albtraum.

KAPITEL 2

Wo wir stehen

Schwindender Naturreichtum – und ein paar Lichtblicke

Januar 2012: Geübt steuert Mattia Colombo seinen Wagen über den zerfressenen Asphalt und hält dabei nicht nur nach Schlaglöchern Ausschau. Der italienische Biologe sucht Kot. »Sie benutzen gerne solche Wege«, sagt er. Sie, das sind die Wölfe, und zumindest einer von ihnen ist letzte Nacht diese alte Militärstraße im Valle di Stura entlanggelaufen. Colombo hält an. Mitten auf der Fahrbahn liegt ein unverkennbarer Haufen. Ganz frisch, meint der Forscher erfreut. »Da ist viel Schleim drin, und der steckt voller DNA.« Flugs landet die Hinterlassenschaft in einer Plastiktüte. Später, im Labor, werden Colombos Kollegen eine Erbgutanalyse durchführen und hoffentlich den Urheber identifizieren können. Denn die Westalpen sind wieder Wolfsgebiet. Auch hier am Monte Vaccia in der italienischen Provinz Cuneo lebt ein Rudel. Mattia Colombo und seine Mitstreiter vom *Progetto Lupo Regione Piemonte* untersuchen, wie sich die Population entwickelt. Mitte des 20. Jahrhunderts waren Wölfe in den meisten Teilen Italiens ausgerottet, so wie in ganz Mitteleuropa auch. Nur in den unwegsamen Zentralapenninen hatten einige überlebt. Nachdem sie 1971 zur geschützten Art erklärt wurden, begannen sich die Tiere zunächst zögerlich wieder auszubreiten. Die Rückkehr gelang, trotz illegaler Tötungen und einem Blutzoll durch den Straßenverkehr. »Sie sind eben sehr zäh und anpassungsfähig«, betont Mattia Colombo.

Neun Jahre später ist *Canis lupus*, wie der Wolf von Biologen genannt wird, noch weiter vorangekommen. In der Schweiz haben sich, Stand Winter 2020/21, elf Rudel gebildet und diverse Einzeltiere niedergelassen – insgesamt 87 Exemplare. Es werden mehr. Ökologisch gesehen hätte die Eidgenossenschaft Kapazität für etwa 300 Graupelze in 65 Rudeln, meinen Experten des Forschungsverbands KORA. Deutschland dagegen beherbergt schon 128 Wolfsrudel, die meisten in den »neuen«, östlichen Bundesländern. Hier wurde das erste Rudel bereits im Jahr 1998 in der Lausitz registriert. Das Elternpaar stammte aus Polen, ihr Nachwuchs kam auf einem Truppenübungsplatz zur Welt. Isegrims Heimkehr ist ein bemerkenswerter Erfolg für den Naturschutz, umso mehr, da die Vierbeiner sich selbstständig ausgebreitet haben. In der Bevölkerung driften die Meinungen allerdings stark auseinander. Während manche Tierfreunde den Wolf geradezu idealisieren, gilt er bei erstaunlich vielen anderen Menschen noch immer als reißende Bestie. Sie leiden sozusagen unter dem Rotkäppchen-Syndrom. Den meisten Debatten zur Wolfsthematik fehlt es deshalb an Sachlichkeit. Stattdessen schäumen die Emotionen.

Nicht nur Isegrim, der Wolf, ruft Spannungen hervor. In den vergangenen Jahren sind in Mitteleuropa noch weitere Arten in ihre angestammten Lebensräume zurückgekehrt. Biber und Fischotter zum Beispiel. Fachleute staunen oft über deren anscheinend neugewonnene Anpassungsfähigkeit. Beide Spezies gelten eigentlich als scheu, nun trifft man sie manchmal sogar mitten in der Stadt an. Und schon wird wieder genörgelt. »Die gehören doch nicht in unsere Kulturlandschaft«, heißt es dann. Genau wie beim Wolf. Solche Bedenken zeugen von einem, gelinde gesagt, seltsamen Naturverständnis. Pflanzen und Tiere siedeln sich dort an, wo für sie die Bedingungen passen – ein Grundgesetz der Ökologie. Was der Mensch davon hält, ist ihnen herzlich egal. Natürlich kann Ersterer dagegenhalten, töten und zerstören. Das ändert die Lage. Ist der Druck zu groß, verschwinden die Arten (wieder). Erledigt.

Koexistenz von Kultur und Wildnis

Woher aber stammt diese grundsätzliche Abneigung, die mitunter auch Allerweltsarten wie der Saatkrähe entgegenschwappt? Dieser Frage geht Uta Maria Jürgens auf den Grund. Die an der Eidgenössischen Forschungsanstalt WSL in Birmendorf tätige Psychologin untersucht das komplexe Verhältnis zwischen Menschen und Wildtieren. »Der Wolf spielt mit der Trennung zwischen Kultur und Wildnis«, sagt die Forscherin. Genau dadurch lösen er und andere Unverzagte Irritationen aus. Die Grenzgänger rütteln nämlich am anthropozentrischen Weltbild. Natur ist in dieser menschenzentrierten Auffassung nur noch Gestaltungsmasse, wie Jürgens erklärt. Durch die Rückkehr von Isegrim & Co. zeigt diese Masse jedoch ihre eigene gestalterische Kraft, die Tiere treten dabei als ihre Botschafter auf. Die absolute Herrschaft des Menschen wird infrage gestellt – Unverschämtheit. Der Konflikt ist gleichwohl nur eine Seite der Medaille. Viele von uns suchen eine Beziehung zur Natur. Eine Koexistenz mit der frei lebenden Fauna scheint somit nicht nur aus dem Blickwinkel des Artenschutzes wünschenswert. Man könnte versuchen, ein neues, positiveres Bild von den Tieren zu entwickeln, und dafür eventuell an die Mythen anderer Kulturen anknüpfen, meint Uta Maria Jürgens. Eine faszinierende Idee.

Auch IPBES betont stets das Potenzial alternativer Sichtweisen. Unterschiedliche Gesellschaften haben unterschiedliche Vorstellungen und Prioritäten, die es unbedingt zu berücksichtigen gilt. Wir sollten mehr voneinander lernen. »Westliche« Wissenschaft und ein achtsamer Umgang mit der Natur schließen sich zudem nicht gegenseitig aus – eher im Gegenteil. Eine Entzauberung findet nicht statt. Wer eine Stadttaube genau ansieht und weiß, welcher physikalische Effekt ihr Brustgefieder in lila und grün zum Schimmern bringt; wie gut sich diese Vögel Gesichter merken können und warum sie gerade in unseren Häuserschluchten so gut zurechtkommen, der sieht kein »Drecksviech«, sondern ein großartiges Geschöpf – trotz des ganzen Mists, den sie und ihre Artgenossinnen tatsächlich hinterlassen. Aber wir selbst sind bekanntlich um kein Haar besser.

Biodiversitätsvariablen

Leben ist Reichtum. Seit seiner Entstehung vor über dreieinhalb Milliarden Jahren hat es immer mehr und immer ausgefeiltere Formen hervorgebracht. So überstand es sogar jene verheerenden Asteroideneinschläge, die den Planeten zeitweilig in eine Art Vorhof der Hölle verwandelten. Die meisten derzeitigen Hochrechnungen gehen von fünf bis zehn Millionen verschiedenen, heute lebenden Spezies aus. Es könnten allerdings auch 100 Millionen sein, und jede davon spielt irgendeine Rolle im unfassbar komplexen Netzwerk der Ökologie. Um diese Vielfalt und ihren Zustand zumindest ansatzweise zu erfassen, greifen Fachleute gern auf die »Essenziellen Biodiversitätsvariablen« (EBV) zurück. Letztere sind praktisch die Kennzahlen des globalen Naturhaushalts. Bei ihrer Betrachtung offenbaren sich erstaunliche Details. So mag die Trennung zwischen Land und Meer, eine schlichte Frage der Ökosystem-Struktur, im ersten Moment trivial erscheinen – die Zahlen zeigen das Gegenteil. Obwohl die Ozeane gut 70 Prozent der Erdoberfläche bedecken, stellen sie dennoch weniger als ein Prozent der fotosynthetischen Biomasse, sprich des Grünzeugs. Alles Phytoplankton der Welt fällt also gegenüber den riesigen Mengen an Bäumen, Gräsern und anderen Landpflanzen kaum ins Gewicht.

Gebundenes CO_2 wird freigesetzt

Menge ist aber nicht alles. Die Leistungsfähigkeit von Ökosystemen hängt logischerweise auch von ihrer Funktionsweise ab. Beispiel Kohlenstoffbindung: Für die Produktion von pflanzlicher Biomasse, die Primärproduktion, wird der Luft oder dem Wasser CO_2 entzogen. Ein Großteil davon fließt durch Atmung und Verrottung schnell zurück in den Kreislauf, der Rest wird vorerst gelagert – Dutzende, Hunderte, Millionen Jahre lang. Wie stark dieser Speichereffekt ist, bestimmen die ökologischen Mechanismen. Sehr viel Biomasse versinkt beispielsweise in der Tiefsee, wo sie erst einmal gefangen ist. Das prägt die Kohlenstoffbilanz. Momentan werden entsprechend rund 60 Prozent der gesamten, durch den Einsatz fossiler Brennstoffe verursachten CO_2-Emissionen an Land gebunden, die anderen 40 Prozent in den Ozeanen. Trotz ihres so viel geringeren Fotosynthesepotenzials sind die Weltmeere damit ein wesentlicher Faktor für die Klimaentwicklung. Auf dem Festland übernehmen vor allem Böden die Rolle der Tiefsee. Wurzeln und Pilzmyzele binden reichlich Biomasse, große Mengen sind auch in Torf gespeichert. Wird Letzterer zersetzt, gelangt wieder tonnenweise Kohlendioxid in die Atmosphäre. Die Zerstörung südostasiatischer Torfwälder schlägt so gleich zweifach zu Buche. Eine noch viel größere Zeitbombe tickt in den Permafrostböden der Arktis. Dort lagert, tiefgekühlt gespeichert in Form abgestorbener Pflanzenreste, etwa doppelt so viel Kohlenstoff wie es derzeit in der Luft gibt. Tauen diese Böden auf, geben sie einen Teil dieser Masse in Form von CO_2, Methan und anderen Gasen ab. In den vergangenen zehn Jahren hat sich das arktische Erdreich bereits um mehr als 0,5 °C erwärmt.

Biodiversitäts-Hotspots

Vielfalt schafft Stabilität. Ein großer Artenbestand dient Ökosystemen praktisch als Sicherheitsreserve. Sollte eine Spezies ausfallen, kann eine andere den Verlust zumindest teilweise ausgleichen. Oder es springen gleich mehrere ein. Den Platz, den eine Art im Netzwerk einnimmt, bezeichnen Fachleute als Nische. Eine freie Nische bedeutet freie, unbeanspruchte Ressourcen. Normalerweise finden sich schnell anpassungswillige Abnehmer. Ihr Auftreten wiederum schafft oft neue Nischen, die weitere Interessenten anziehen. So wird Biodiversität häufig zum Selbstläufer. Sind die Voraussetzungen günstig, entstehen extrem artenreiche Lebensgemeinschaften. Tropische Korallenriffe dürften bis zu zwei Millionen verschiedene Spezies beherbergen, die meisten davon im Indopazifik. Interessanterweise neigt Artenvielfalt auch dazu, sich in bestimmten geografischen Regionen zu häufen. Das sogenannte Korallendreieck im Seegebiet zwischen den Philippinen, Java und den Salomoninseln ist ein solcher Biodiversitäts-Hotspot. Die meisten dieser biologischen Schatzkammern gibt es allerdings an Land. Südostasiens Regenwälder gehören dazu, ebenso das Hochland Äthiopiens sowie weite Teile des Mittelmeergebiets. Italien, der südwestliche Balkan, die Iberische Halbinsel, Südfrankreich und Westanatolien: allesamt bedrohte Paradiese direkt vor unserer Haustür. Viele der dortigen Habitate sind längst unter Beton verschwunden oder wurden von der Landwirtschaft einverleibt. Woanders sieht es kaum besser aus.

Weltweit haben Wissenschaftler insgesamt 35 terrestrische Hotspots kartiert. Die Gebiete umfassen nur 17,3 Prozent der Landoberfläche und leiden meist unter erheblichen Lebensraumverlusten.

Alte Sorten schützen

Was für die Natur im engeren Sinne gilt, trifft auch auf menschengemachte Ökosysteme zu. Der Begriff Agrobiodiversität steht für die ganze Fülle an Pflanzensorten, Tierrassen und sogar Mikroorganismen, auf denen die Landwirtschaft basiert. Viele der vor allem älteren Züchtungen sind regionaltypisch und bestens an die Umweltbedingungen ihrer Heimat angepasst. Der Mensch hat die Evolution imitiert. Seine Auswahl ist jedoch etwas begrenzt. Von den weltweit geschätzten 400.000 verschiedenen Pflanzenarten dürften etwa zwei Drittel essbar sein. Genutzt werden aber nur rund 200 Spezies. Lediglich vier Feldfrüchte decken 60 Prozent des weltweiten Kalorienbedarfs: Weizen, Reis, Mais und Kartoffeln. Diese starke Fokussierung birgt Gefahren. Anfang des 19. Jahrhunderts hatte die Kartoffel Irland im Sturm erobert. Die Knollen waren ertragreich, nahrhaft und gediehen gut im feuchtkühlen Klima der Insel. Schon bald wurden sie zum Hauptnahrungsmittel, vor allem der ärmeren Iren. Und derer gab es viele. 1845 trat dann die Katastrophe ein. Ein Pilz namens *Phytophthora infestans* fiel über die Kartoffelfelder her, und überall im Land verfaulten die Ernten. Es folgte eine Hungersnot. Mehr als eine Million Menschen starben, viele der Überlebenden wanderten in die USA aus. Irland lag danieder, am Boden zerstört von einem winzigen Fungus.

Alles Geschichte? Nicht unbedingt. Die Bedrohung ist heute keinesfalls verschwunden. Monokulturen sind für Schädlinge wahre Schlaraffenländer. Meistens kann man den Plagen mit Pestiziden halbwegs Herr werden, was jedoch häufig mit üblen Nebenwirkungen für die Umwelt einhergeht. Die Evolution indes schläft nicht. Die meisten der kleinen Zerstörer vermehren sich schnell und haben kurze Generationszeiten. Das treibt ihre genetische Weiterentwicklung an. Immer mehr Problemarten werden dadurch gegen die Agrargifte immun, die bisherige Bekämpfungspraxis hat somit keine guten Zukunftsaussichten. Schädlingsresistente Nutzpflanzen wären eine nachhaltige Alternative. Das dazu erforderliche Genmaterial muss nicht unbedingt aus dem Labor kommen. Man findet es zum Teil in der Natur, bei den Urformen der Kultursorten, und auch bei zahlreichen traditionellen Zuchtvarianten. Deren Erhalt ist eine Art Versicherungspolice für unser aller Ernährung. Leider kommt diese Erkenntnis noch nicht überall an. Niemand weiß, wie viele wertvolle Kulturformen bereits ausgestorben sind. Sie waren oft nicht so ertragreich wie moderne Sorten, weniger lagerfähig, oder sie gerieten schlichtweg aus der Mode. Den wilden Stammformen droht ebenfalls Schwund. Ihre Herkunftsgebiete decken sich zu einem guten Teil mit den Bio-diversitäts-Hotspots. Ein Grund mehr, Letztere konsequent zu schützen.

Tradition stützt Artenvielfalt

Vielerorts haben sich indigene Völker und lokale Gemein-schaften als effiziente Hüter der biologischen Vielfalt her-vorgetan. Sie bewirtschaften mehr als die Hälfte der globa-len Landfläche – das meiste davon extensiv, zum Beispiel durch saisonale Beweidung. Die traditionellen Methoden solcher Kulturen sind üblicherweise auf Nachhaltigkeit ausgelegt. Das gilt auch für ihre intensiven Produktions-systeme. Monokulturen findet man nur selten, stattdessen werden durch das Kombinieren verschiedener Spezies Synergien erzeugt. Chinesische Bauern züchten seit jeher auf ihren überfluteten Reisfeldern Karpfen und Enten. Die Tiere verbessern den Nährstoffhaushalt und fördern so das Pflanzenwachstum. Im Südwesten der Iberischen Halbinsel dienen *Dehesas*, gezielt angelegte Eichenhaine, als Kork-lieferanten und Weideareale für Schweine, Schafe und Rin-der. Für die Natur können solche menschengemachten Biotope eine echte Bereicherung darstellen. Auf dem Sinai sind die seit Generationen gepflegten Beduinengärten wich-tige Refugien für Zugvögel und Wildpflanzen. In Europa haben sich extensiv bewirtschaftete Heuwiesen im Laufe der Jahrhunderte sogar zu eigenständigen »Hotspots« ent-wickelt. Sie gehören zu den artenreichsten Graslandbiotopen der Welt, mit bis zu 80 verschiedenen Pflanzenspezies auf nur wenigen Quadratmetern.

Inzwischen droht der Massentod

Der Wert der Biodiversität, ihr schier unerschöpfliches Potenzial, wird in den modernen Industriegesellschaften allerdings kaum noch geschätzt. Deren Hauptaugenmerk gilt kurzfristigen Gewinnen und Maximalerträgen. So schreitet die Zerstörung weiter voran. Inzwischen beansprucht der Mensch an Land ganze 24 Prozent der weltweiten Primärproduktion von Biomasse, in vielen Regionen mit intensiver Agrarwirtschaft beträgt dieser Anteil gut die Hälfte. Naturbelassener Lebensraum wird ebenfalls immer knapper. In den Biodiversitäts-Hotspots verfügen nur noch 35 Prozent der Flächen über ihren ursprünglichen Bewuchs, die Primärvegetation. Und was von *Homo sapiens* an Ressourcen genommen wird, fehlt, vereinfacht gesagt, den anderen Organismen. Dementsprechend entpuppt sich das Anthropozän mittlerweile auch als Epoche des Artentods.

Nach aktuellen Hochrechnungen dürften global mindestens eine Million Tier- und Pflanzenspezies vom Aussterben bedroht sein.

Erhebungen des internationalen Naturschutzverbandes IUCN lassen das Ausmaß der drohenden Katastrophe erahnen: Rund ein Viertel aller Säugetiere gelten als existenziell gefährdet; gut 13 Prozent der Vögel; 19 Prozent der Reptilien; ein Drittel der riffbildenden Korallen und nicht weniger als 41 Prozent sämtlicher Amphibienarten. Bei den Insekten und fast allen anderen Wirbellosen ist die Lage schwieriger einzuschätzen. Es mangelt an Daten. Doch was bisher an Information vorliegt, gibt reichlich Anlass zur Sorge.

Der dramatische Insektenschwund

Im Oktober 2017 sorgte die sogenannte Krefelder Studie nicht nur in der Fachwelt für Aufsehen. Sie basiert auf einer Langzeiterhebung des Entomologischen Vereins Krefeld. Seit 1989 hatten seine Mitglieder, engagierte Insektenforscher, in verschiedenen Arealen Fallen aufgestellt und über die Fangergebnisse detailliert Buch geführt. Eine Analyse dieser einzigartigen Datensammlung zeigt Erschreckendes auf.

Offenbar ist die Gesamtbiomasse der Fluginsekten in Deutschland um circa 75 Prozent zurückgegangen – auch in Naturschutzgebieten.

Am gravierendsten sind die Verluste in den Sommermonaten. Wer sich darüber wundert, dass man die Windschutzscheiben des Autos in den letzten Jahren kaum noch zu putzen brauchte, hat hier die Erklärung. Und nicht einmal die größten Krabbeltier-Phobiker sollten sich darüber freuen. Zum einen sind Insekten extrem wertvolle Helfer für die Landwirtschaft. Rund drei Viertel aller wichtigen Nutzpflanzen-Spezies würden von fliegenden Scharen bestäubt, erklärt IPBES-Co-Direktor und Agrarbiologe Josef Settele. Weizen, Mais und Reis mögen sich mit Wind begnügen, die vitaminreichen Gewächse sowie viele Gewürze benötigen sechsbeinige Unterstützung. Entgegen der landläufigen Meinung sind auch nicht Biene Maja und ihre Freunde, sprich Honigbienen, die Hauptträger dieser Leistung. Ein wesentlicher Teil der Arbeit wird von Hummeln, solitär lebenden Wildbienen-Spezies, Fliegen und Käfern geleistet. Gleichzeitig besetzen Insekten eine zentrale Stelle in der Nahrungspyramide. Sie sind praktisch das Zooplankton der Landökosysteme. Fehlen die Kerbtiere, geht unter anderem zahlreichen Gefiederten das Futter aus. So steht etwa in Österreich die Blauracke (*Coracias garrulus*) kurz vor dem

Verschwinden. Die prächtigen Vögel ernähren sich hauptsächlich von Großinsekten wie Maikäfern, Maulwurfsgrillen, Rosenkäfern und ähnlichen Brocken, aber Österreichs oft ausgeräumte Landschaften geben diese Biomasse nicht mehr her. Die Blauracken müssen darben.

Existenzgrundlagen für Nahrungsspezialisten schwinden

Ausufernde Pestizideinsätze sind zweifellos eine Ursache für den Rückgang der Insektenbestände, wohl genauso wichtig aber dürften Flurbereinigungen sein. Im Optimierungswahn beseitigte man die über Jahrhunderte hinweg gewachsenen Elemente alter Kulturlandschaften: Hecken, Steinmauern, Hohlwege, Obstwiesen und Tränkteiche, um nur einige zu nennen. Grünland wurde in Äcker umgewandelt, die Kühe zunehmend in Ställen eingesperrt. Wo sich allerdings nur noch Getreidefelder und Maismeere ausdehnen, bleibt für eine vielfältige Insektenfauna kein Raum. »Es fehlt die ökologische Infrastruktur«, bringt es Josef Settele auf den Punkt. Gerade Wildbienenarten haben sehr unterschiedliche Bedürfnisse. Einige von ihnen nisten nur in leeren Schneckenhäusern oder Totholz, etliche andere benötigen dagegen hohle Pflanzenstängel wie jene der Königskerzen (Gattung *Verbascum*). Auch in Bezug auf die Futterpflanzen gibt es hoch spezialisierte Bienenspezies. Dasselbe gilt für Schmetterlinge und deren Raupen. Sogar Kuhfladen tragen messbar zur Biodiversität bei. Sie ernähren Schwebfliegen- und Käferlarven und dienen Faltern als »Tankstelle« für lebenswichtige Mineralien. Jede Ressource findet früher oder später ihre Abnehmer – noch so ein Kernprinzip der Ökologie. Der Mensch indes raubt immer mehr Spezies ihre Existenzgrundlagen. Ohne Wildwuchs siecht das Land.

Verzögertes Aussterben

Besonders tückisch ist die Langzeitwirkung des Lebensraum-schwunds. Um auf Dauer gedeihen zu können, brauchen Tiere und Pflanzen bestimmte Populationsgrößen. Die Anzahl der Individuen ist nämlich entscheidend für die genetische Vielfalt innerhalb einer Spezies. Je mehr Abwechslung im Erbgut, desto besser die Möglichkeiten, sich an sich ver-ändernde Umweltbedingungen, Krankheiten oder andere Störungen anzupassen – auch hier dient Diversität wieder der Rückversicherung. Ein kleiner Genpool dagegen schwächt die Fitness von Arten und Populationen. Häufig verstärkt Inzucht das Problem. Habitatverluste begrenzen die Gesamt-anzahl an Individuen einer Spezies, Verarmung ihres Erbguts ist die logische Folge. Sinkt die Vielfalt unter einen kriti-schen Wert, droht Aussterben. Lebensraumzerstückelung hat einen vergleichbaren Effekt. Eine vergleichende Studie hat für fragmentierte Habitate Biodiversitätsrückgänge von bis zu 75 Prozent nachgewiesen[6]. Isolierten Populationen fehlt der genetische Austausch, sie sind biologisch auf sich allein gestellt. Die daraus resultierenden Schäden führen aber nicht zum schnellen Exitus. Es dauert wohl Jahre oder noch viel länger, bis eine derart geschwächte Spezies tatsäch-lich das Zeitliche segnet. Dieser Effekt wird in der Fachwelt als *extinction debt* (sinngemäß »ausstehendes Aussterben«) bezeichnet.

Experten schätzen, dass bereits an die 10 Prozent aller landlebenden Tier- und Pflanzenarten nicht mehr genug Lebensraum zur Verfügung steht. Sie alle, ver-mutlich eine halbe Million an der Zahl, wären quasi »Zombie-Spezies«. Nur die rechtzeitige Wiederherstel-lung ihrer Habitate könnte sie noch retten.

Ökologische Wechselwirkungen

Artenverlust birgt unkalkulierbare Risiken. Die Ökologie steckt als Wissenschaft gewissermaßen noch in den Kinderschuhen, und der Mensch hat die Folgen seiner Eingriffe fast regelhaft falsch eingeschätzt. Viele Zusammenhänge erkennt man erst im Nachhinein. So wie beim Wolf.

Kehren wir kurz zurück an den Monte Vaccia. Mattia Colombo findet an jenem sonnigen Januartag 16 Kothaufen, so viele wie noch nie. Die Suche führt steil bergauf, vorbei an knorrigen Lärchen und über winteröde Almen. Was auffällt: Isegrim ist nicht der Einzige, der die Vegetation hier mit seinen Hinterlassenschaften düngt. Überall liegen die typischen Köttel von Rothirschen, Rehen, Gämsen und Schneehasen herum. An Wild herrscht offenbar kein Mangel. Auf der Wiese unten im Seitental habe er abends schon Gruppen von bis zu 30 Hirschen beobachten können, berichtet Colombo. Das sei zum Teil der Verdienst des hiesigen Jagdpächters. Der Mann bewirtschaftet sein Revier nach ökologischen Kriterien, die Wölfe passen da ins Konzept. Beutegreifer stehen schließlich für gesunde Wildbestände.

Unter Gämsen zum Beispiel kann die sogenannte Gamsräude, eine von Milben verursachte Hautkrankheit, erhebliche Verluste verursachen. Wölfe und Luchse jedoch fressen die befallenen Tiere, bevor sie viele Artgenossen anstecken. Ähnliches berichten Forscher aus der nordspanischen Provinz Asturien. Die dortigen Graupelze jagen bevorzugt Wildschweine. Deren Durchseuchungsrate mit der Rindertuberkulose (bTB) wird dadurch stark verringert, wovon vermutlich auch die Viehhalter der Region profitieren. In den wolfsfreien Gebieten Spaniens sind mitunter bis zu 80 Prozent der Wildschweine bTB-infiziert – eine ständige Gefahr für die Nutztiere auf den Weiden. Ob das verringerte Ansteckungsrisiko in Asturien allerdings die Wolfsschäden durch Viehrisse ausgleicht oder gar überkompensiert, ist nicht bekannt.

Einen noch komplexeren (und faszinierenderen) Fall von ökologischer Wechselwirkung haben Wissenschaftler im Westen Nordamerikas aufgedeckt. Die Flüsse an der Meeresseite der Rocky Mountains sind seit jeher für ihre Lachse bekannt. Jedes Jahr wandern hunderte Millionen Fische zum Laichen stromaufwärts, und es ist stets ihre letzte Reise. Anders als ihre europäischen Verwandten sterben Pazifische Lachse immer kurz nach der Fortpflanzung. Keiner schafft es zurück zur See. Fischkadaver säumen die Flussufer. Was aber wie eine seltsame Verschwendung von Leben anmutet, ist in Wirklichkeit ein ausgefeilter Kniff der Evolution, denn die Elterntiere düngen mit ihren Leichen die Lebensräume ihres Nachwuchses. Sie fungieren wie eine gewaltige Stickstoff- und Phosphor-Pumpe, die diese essenziellen Elemente vom Ozean in das Hinterland transportiert. Wichtigste Nutznießer sind die Pflanzen. Dank der Nährstoffzugaben aus dem Meer gedeihen Bäume und Sträucher in Flussnähe besser. Die Vegetation wiederum schafft strukturreiche Uferzonen mit Lebensräumen für kleine Fische, kühlt durch Beschattung das Wasser und fördert die Insektenpopulationen – die Nahrungsgrundlage der Junglachse. In diesem ökologischen Konzert spielen übrigens auch Bären eine tragende Rolle. Meister Petz frisst aufsteigende Lachse und macht über seinen Urin und Kot einen Teil der Nährstoffe leichter verfügbar für die Pflanzenwelt. Synergien überall, wohin man schaut.

Im toten Winkel

Leider jedoch ist unsere Wahrnehmung häufig verzerrt. Wir übersehen leicht Verluste, wenn diese nicht schlagartig, sondern allmählich eintreten. Der Mangel an Naturreichtum wird irgendwann als Normalzustand empfunden. Besonders ausgeprägt ist dieses Phänomen, für das Wissenschaftler inzwischen den Begriff *Shifting Baseline Syndrome* (SBS) verwenden, natürlich über die Generationen hinweg. Was unsere Ur-Urgroßeltern wohl sagen würden, wenn sie eine heutige Sommerwiese am Rande des Wienerwalds sähen? Wahrscheinlich »Wo sind die Schmetterlinge?«. Alte Fischer, die den viel größeren Fängen ihrer Jugend nachtrauern, schwelgen damit keinesfalls in verklärter Nostalgie. Die Meeresbiologin Loren McClenachan[7] hat solche Geschichten anhand alter Fotos analysiert und festgestellt: Die Männer spinnen kein Seemannsgarn. Früher war in der Fischerei tatsächlich fast alles besser. Mitunter aber scheint SBS auch den Blick auf die persönliche Lebenserfahrung zu trüben. Nicht wenige westeuropäische Angler behaupten, es gebe noch immer reichlich Aale. Dabei ist der Bestand nachweislich um über 80 Prozent geschrumpft.

Die Gaben der Natur an den Menschen

Vielen Zeitgenossen ist gar nicht bewusst, wie sehr ihre tägliche Existenz von der Natur abhängt. Sie arbeiten, konsumieren, genießen ihr Leben oder nicht, und denken kaum an die oft unsichtbaren Kräfte, die das alles ermöglichen. Anna B., Einwohnerin einer mitteleuropäischen Großstadt, ist eine von ihnen. Morgens klingelt der Wecker, ein Gähnen. Die eingeatmete Luft wurde von den Bäumen im nahen Wald gefiltert, die im Sommer auch einiges an Sauerstoff liefern. Anna tappt ins Badezimmer. Wasserhahn auf. Das Nass stammt aus dem kommunalen Brunnen am Hang und ist von bester Qualität. Der Wald reinigt das Regenwasser. Abgesehen davon bindet die grüne Lunge es wie ein riesiger Schwamm, was die stetige Zufuhr sichert. Ab in die Küche, Kaffee. Ohne das fruchtbare kenianische Hochland, wo Annas Lieblingssorte wächst, gäbe es den Muntermacher nicht. Die Bio-Milch von den (hoffentlich) glücklichen Kühen? Schöne Grüße an die Alpenweiden. Zum Müsli noch einen Apfel. Eine heutzutage selten gewordene Hummel bestäubte die Blüte, aber das kann Anna natürlich nicht wissen.

Der Tag wird warm. Draußen in der offenen Ebene steht die Luft, doch die Stadt profitiert von den bewaldeten Hügeln. Sie wirken wie eine riesige Klimaanlage. Anna macht sich dennoch Sorgen. Sie ist Klinikärztin und erlebt, wie mit jeder Hitzewelle mehr Senioren eingeliefert werden. Ihre Arbeit belastet sie. Zum Ausgleich geht die junge Frau klettern, bloß nicht in der Halle. Am liebsten wandert sie zu dieser Felswand ein paar Kilometer außerhalb. Keine Straße in der Nähe, kein Lärm, nur Vogelgezwitscher und das Windrauschen in den Bäumen. Letzten Winter kreiste dort sogar ein Uhu. Anna liebt die Berge und wünscht sich, es gäbe ein bisschen mehr Wildnis in ihrer Nähe. Im nächsten Urlaub will sie mit ihrem Freund nach Montenegro. Dort soll es noch unberührte Flüsse geben; Bären, Adler und kaum zugängliche Schluchten. Mit etwas Glück hört man nachts Wölfe heulen. Eine Landschaft wie in den Naturdokus, diesmal allerdings »live«, mitsamt den ganzen Düften, Regen in den Haaren und der Wärme eines Lagerfeuers.

Zu kitschig? Klar. Naturromantik hat nicht unbedingt den besten Ruf. In unserer zunehmend durchrationalisierten

Gesellschaft bleibt für Schwärmerei kein Platz, sie irritiert mitunter wie eine ansteckende Krankheit – igitt, bloß nicht. Trotzdem tragen viele Menschen Sehnsüchte wie die der fiktiven Anna mit sich herum. Millionen von ihnen pilgern in die Nationalparks und ähnliche Schutzgebiete. Diese Art von Tourismus generiert global circa 600 Milliarden US-Dollar an Umsatz. Ohne zumindest gelegentlichen Kontakt zur Natur fehlt uns offenbar etwas Essenzielles. Kanadische Forscher analysierten eine Reihe bisher veröffentlichter Erhebungen und fanden in rund der Hälfte der Fälle positive Auswirkungen von Naturerlebnissen auf die geistige Gesundheit von Kindern und Jugendlichen[8]. Regelmäßiger Aufenthalt im Grünen dämpft demnach Aufmerksamkeitsstörungen und Stress, die emotionale Stabilität wird gestärkt. Die wissenschaftliche Datenlage lässt auf diesem Gebiet allerdings noch vieles offen. Zahlreiche Eltern wollen derweil ihrem Nachwuchs eine bessere Beziehung zur »Draußenwelt« ermöglichen. Naturkindergärten erfreuen sich seit Jahren wachsender Beliebtheit.

Seelisches Wohlbefinden sowie die Grundbedürfnisse, sprich Wasser, Nahrung und halbwegs saubere Luft zum Atmen, sind logischerweise nur ein Teil des Ganzen. Lebensqualität allgemein basiert noch auf einer Reihe weiterer Faktoren. Im IPBES-Jargon heißen sie *Nature's Contributions to People* (NCP), was man ruhig als »die Gaben der Natur an die Menschen« übersetzen kann. Das Gremium ordnet diese Leistungen in 17 verschiedene Kategorien (siehe Tabelle). Einiges von dem, was uns zugutekommt, entsteht allerdings in Kooperation. Die Natur stellt die Ressource, das Potenzial, und *Homo sapiens* realisiert es – durch Landwirtschaft, Industrie, Forschung und Kunst.

Nature's Contributions to People (NCP)

1	Schaffung und Erhalt von Lebensräumen
2	Bestäubung und Verbreitung von Samen
3	Erhalt der Luftqualität
4	Regulierung des Klimas
5	Entgegenwirken der Meerwasser-Versauerung
6	Bereitstellung und Erhalt von Süßwasserressourcen
7	Reinigung von Süß- und Meerwasser
8	Erhalt und Bildung von Böden
9	Schutz vor Naturgefahren und Extremereignissen
10	Eindämmung von Schädlingen und gesundheitsgefährdenden Organismen
11	Bereitstellung von Energie-Ressourcen
12	Bereitstellung von Nahrung und Tierfutter
13	Bereitstellung von anderen Materialien und Tierleistungen
14	Bereitstellung medizinischer, biochemischer und genetischer Ressourcen
15	Bildungsgrundlagen und Inspiration
16	Physische und psychische Erfahrungsmöglichkeiten
17	Unterstützung kultureller, seelischer und gesellschaftlicher Identitäten

NCP – die Gaben der Natur an den Menschen. Quelle: IPBES

Manchmal will oder muss der Mensch eine der »Gaben« ersetzen. Die Gründe sind verschieden. Künstliche Aromen, Vanillin zum Beispiel, lassen sich oft billiger produzieren als die Originale. Die Hersteller profitieren, die Konsumenten nicht unbedingt, obwohl die Moden mitunter schon seltsame Blüten treiben. In den 1980ern hob eine US-amerikanische Lebensmittelfirma eine Zutat ihrer Kuchenbackmischungen

besonders hervor: »Mit künstlichen Erdbeerstückchen!«
Heute wäre ein solches Marketing praktisch undenkbar. Traurige Berühmtheit wiederum erlangte eine neuere, chinesische
Art von Substitution. Anstelle von Bienen bestäuben mit Pin-
seln ausgestattete Arbeiterinnen Obstbaumblüten. Ihr Werk
ist eine bittere Notwendigkeit, denn in manchen Regionen
fehlen inzwischen die Insekten.

Der Preis von Umweltzerstörung

»Kritisches Naturkapital« ist das, was nicht ersetzt werden
kann, und davon gibt es mehr, als viele Verantwortliche anscheinend wahrhaben wollen. Hinzu kommt das Problem
der fehlenden Weitsicht. Oft müssen wirtschaftliche Interessen als Argument gegen (mehr) Umweltschutz herhalten. Zu
teuer, zerstört Arbeitsplätze, gefährdet den Wohlstand et
cetera. Die Realität sieht meist anders aus, ist aber nur schwer
in vollständigen Zahlen zu fassen. So tötet Luftverschmutzung weltweit geschätzte 3,3 Millionen Menschen im Jahr,
während ein Vielfaches durch Feinstaub & Co. erkrankt.
Welche finanzielle Belastung dieses Leid für die Gesund-
heitssysteme bedeutet, weiß niemand genau. Etwas präziser
ist die Datenlage in Bezug auf Bodenschäden. Rund 23 Prozent der landwirtschaftlich genutzten Flächen haben durch
Erosion, Humusverlust und ähnliche Defekte bereits deutlich
an Produktivität verloren. Und weil vorhin von Bienen die
Rede war: Durch den Ausfall von natürlicher Bestäubung
drohen weltweit bis zu 577 Milliarden US-Dollar an Ertragseinbußen. Völlig ungewiss ist dagegen, was Küstenbewoh-
nern durch den steigenden Meeresspiegel in Kombination
mit Habitatzerstörung bevorsteht. Je nach Pegel leben zwischen 100 bis 300 Millionen Menschen in potenziellen Flut-

gebieten – viele von ihnen in Südostasien, wo gerade im Mekong-Einzugsgebiet eines der irrsinnigsten Dramen unserer Zeit stattfindet. Ein Lehrstück über NCP (*Nature's Contributions to People*), Ökologie und Unvermögen.

Der Mekong – ein Lehrstück menschlichen Versagens

Willkommen auf dem Tonle Sap. Die Nacht weicht heute nur langsam. Im Osten kriecht zwar schon die Morgenröte über den Horizont, doch noch sind weite Teile des Himmels wolkenbedeckt. Ein schlickiger Duft umschweift die Nase. Es ist kurz vor sechs, und die Fischer von Akol fahren hinaus. Sie rudern, Sprit ist schließlich teuer. Irgendwer hat ein Transistorradio an Bord. Melancholischer Gesang verliert sich in der Weite der Seelandschaft. Aus dem Wasser ragen büschelweise Halme empor. Vor gut zwei Monaten war dies die Uferzone, jetzt ist es hier über drei Meter tief – und ein erstklassiger Fischgrund. Zwei junge Männer haben ihr Boot gestoppt. Einer sitzt auf dem Bug und zieht ein Netz hoch. Im Lichtkegel seiner Stirnlampe zappeln kleine, silbrige Fische. Alles *trey riel*, erklärt Chanthorn Sron, Berater der Naturschutzorganisation *Conservation International*. Etwa 50 Stück liegen bereits in einer Kiste. »Ein normaler Fang«, sagt einer der Fischer. Größeres ist heute noch nicht dabei. Hundert Meter weiter paddelt eine Frau mit zwei Kindern. Sie hat ihr Netz direkt neben halb versunkenen Bäumen ausgelegt und ebenfalls ein paar Dutzend *trey riel* erbeutet. Plötzlich hängt eine ertrunkene Schlange in den Maschen. Der Junge zieht das Reptil heraus, seine Schwester schaut neugierig zu. Solcher Beifang ist durchaus willkommen. Schlangen gelten in Kambodscha als Delikatesse.

Es ist Mitte August, und im Tonle Sap, dem größten See Südostasiens, steigt der Pegel unaufhaltsam. Wie jedes Jahr um diese Zeit. Das riesige Gewässer steht über einen gleichnamigen Fluss mit dem Mekong in Verbindung. Am Rande der kambodschanischen Hauptstadt Phnom Penh treffen sich beide Ströme. Von November bis April oder Mai, wenn der trockene Monsun aus dem Nordosten bläst, sieht dort alles normal aus. Der Tonle Sap mündet in den Mekong, die vereinigten Wogen walzen träge weiter dem Meer entgegen. Nach Einsetzen des feuchten Südwestmonsuns passiert jedoch Seltsames. Gespeist von massiven Regenfällen schwillt der Mekong so stark an, dass der Tonle-Sap-Fluss praktisch überwältigt wird. Er ändert die Fließrichtung. Milliarden Kubikmeter Wasser werden nun stromaufwärts gepresst, in Richtung des Sees und des umliegenden Tieflands. Die alljährliche Flut beginnt. Am Ende der Trockenzeit bedeckt der Tonle Sap eine Fläche von etwa 2.500 Quadratkilometern. Fünf Monate später ist er um das Vier- oder Fünffache gewachsen, manchmal sogar auf bis zu 160.000 Quadratkilometer. Wälder, Wiesen und Buschland: alles überschwemmt. Die hiesige Bevölkerung hat sich dem Rhythmus des Wassers angepasst. Sie baut ihre Häuser auf Stelzen oder lebt, wie die Menschen von Akol, in schwimmenden Dörfern. Der Tonle Sap sichert ihr Auskommen. Eine karge Existenz, gewiss, aber man hat zu essen. Fisch gab es immer genug.

Produktivstes Süßwasser-Ökosystem der Welt
Inzwischen ist die Sonne aufgegangen. Unter ihr kein Land in Sicht. Kleine Wellen kabbeln gegen die Bordwand. Das Wasser ist trüb, mehr als 15 Zentimeter kann man nicht in die Tiefe schauen. Schlamm? Nicht ganz. »Ein Großteil dieser Matsche ist Leben«, wird der Biologe Les Kaufman mir später lachend erklären. Plankton eben, winzige Tierchen und

einzellige Algen. Sie bilden die Basis der Nahrungspyramide, zusammen mit dem Detritus, welcher aus Unmengen modriger Schwebstoffe organischer Herkunft besteht. So gesehen gleicht der See eher einer riesigen Suppenschüssel. Viele seiner Bewohner brauchen nur das Maul aufzumachen, um sich an der gehaltvollen Brühe zu laben. Kaufman, der als Wissenschaftler an der Boston University tätig ist, erforscht das Gewässer bereits seit Jahren. Der Tonle Sap ist vermutlich das produktivste Süßwasser-Ökosystem der Welt, sagt er. Rund 300 verschiedene Fischarten sind hier heimisch. Die meisten werden wirtschaftlich genutzt. Schätzungen zufolge dürften rund zwei Millionen Menschen direkt oder indirekt von Fischerei und Fischindustrie rund um den See leben – wobei das Wort »Industrie« in diesem Fall mit Vorsicht zu nutzen ist. Moderne Verarbeitungsanlagen sucht man praktisch vergeblich. Konservierung und Veredlung liegen oft in der Hand von winzigen Familienbetrieben. Ein wesentlicher Teil des Fangs wird zu *prahoc* verarbeitet, jener stark riechenden, fermentierten Paste, die in der Khmer-Küche so vielfach Verwendung findet. Akol allein produziert pro Jahr an die zehn Tonnen *prahoc*.

Trotz Sorgen über eine mögliche Übernutzung der Bestände wimmelt es im See noch immer von Fischen. Das Geheimnis dieses Reichtums liegt in den Überströmungsgebieten, in den monatelang gefluteten Wiesen und Wäldern, erklärt der Ökologe Dirk Lamberts von der Universität Leuven, auch er ein erfahrener Tonle-Sap-Experte. Während der Trockenzeit wird in diesen Flächen massig pflanzliche Biomasse produziert. Wenn die Flut kommt, stirbt viel davon ab und verrottet ebenso wie Falllaub und sonstiges totes Material. Anders als an Land jedoch entsteht dabei keine Humusschicht. Stattdessen gibt die mikrobielle Zersetzung große Mengen Nährstoffe in das Wasser ab, und macht sie so für aquatische Organismen verfügbar. Die tropischen Temperaturen beschleunigen diesen Prozess. Die Direktdüngung kommt in erster Linie den Primärproduzenten zugute – Algen, Wasserpflanzen und was sonst noch Chlorophyll in sich trägt. Sie wiederum sind die Nahrungsgrundlage für allerlei Getier. Aber auch die tonnenweise von Bakterien besiedelten organischen Partikeln, der Detritus eben, dienen vielen Fischen und Wirbellosen zur Speise. Üppiger könnte der Tisch nicht gedeckt sein. Eutrophierung ist in diesem Fall ein Segen. Der Wind sorgt dafür, dass der flache See stets gut durchmischt und mit Sauerstoff versorgt wird. So geht dem Wasserleben nicht die Puste aus.

Proteinsegen durch den »Geldfisch«

Zahlreiche schwimmende Kostgänger verbleiben allerdings nur zeitweilig im Tonle Sap. Der *trey riel*, wörtlich übersetzt »Geldfisch«, ist einer dieser Gäste. Wissenschaftler führen die Tiere unter dem Namen *Henicorhynchus siamensis*. Riesige Schwärme ziehen jedes Jahr mit dem steigenden Wasser aus dem Mekong in den See, berichtet Dirk Lamberts. »Sie kommen brotmager, und gehen fett wieder fort.« Die Rückwanderung findet in drei Phasen während der Monate Dezember, Januar und Februar statt, immer drei Tage vor Vollmond. Die Hintergründe dieses Rhythmus sind ungeklärt. Den Fischern indes ist er wohlbekannt. Sie spannen genau dann riesige Netze in den Tonle-Sap-Fluss. Nach nur 20 Minuten müssen diese wieder herausgezogen werden, erzählt Lamberts. Sonst würden sie unter dem Gewicht des Fangs reißen. Die Fischmassen waren übrigens auch eine der wichtigsten Grundlagen für die Entstehung des sagenhaften Khmer-Reichs, berühmt für seine mittelalterlichen Prachtbauten wie die Tempelanlage Angkor Wat. Bis zu 750.000 Menschen dürften einst in der riesigen Gartenstadt Angkor gelebt haben. Eine solche Bevölkerung dauerhaft sattzubekommen, gelang nur dank des Fisches aus dem Tonle Sap und dem Reis von den angrenzenden Feldern.

Bedrohung durch Kraftwerke und Dämme

Die enge Beziehung mit dem Mekong könnte dem Ökosystem jedoch zum Verhängnis werden. Im Einzugsgebiet des großen Flusses sind rund 200 Staudämme und Wasserkraftwerke geplant, 24 davon im Hauptstrom selbst. China hat am Oberlauf bereits elf Dämme errichtet, Laos zwei. Dem Tonle Sap droht ein Desaster. Laut Modellrechnungen könnten die Bauwerke das Flutregime im See gewaltig stören, und damit dürften auch die Feuchtgebiete schrumpfen. Die für Auwald-Wuchs geeigneten Flächen würden sich womöglich um mehr als ein Drittel verringern[9]. Der Eintrag von fruchtbarkeitsfördernden Flusssedimenten würde ebenfalls erheblich reduziert – um bis zu 56 Prozent. »Da wird Produktionskapazität amputiert«, betont Dirk Lamberts verärgert. Südostasiens leistungsfähigster Proteinfabrik stünden karge Zeiten bevor. Les Kaufman betrachtet die Entwicklungen ebenfalls mit Kopfschütteln. Einbrechende Fischereierträge am Tonle Sap könnten durchaus die Ernährung der kambodschanischen Bevölkerung gefährden, meint er.

Gut 100 Kilometer stromabwärts von Phnom Penh leidet die Bevölkerung schon jetzt unter dem Sedimentschwund. Das Mekongdelta im Süden Vietnams ist Heimat für über 17 Millionen Menschen und die »Reisschüssel« des gesamten Landes: 60.000 Quadratkilometer Felder, Gemüsegärten und Obsthaine, dazwischen Kanäle, lang gezogene Dörfer und unzählige Gehöfte. Der äußerst fruchtbare Boden wurde im Laufe der letzten 5.500 Jahre vom Fluss abgelagert. Noch vor wenigen Jahrzehnten wuchs das Delta langsam, aber stetig ins Meer hinein. Inzwischen ist die Küstenlinie auf dem Rückzug, an manchen Stellen weicht sie im Durchschnitt um mehr als zwölf Meter im Jahr. Der Mekong schafft nicht mehr genug Sedimente herbei. Zum einen halten die bereits errichteten Staudämme Geschiebe zurück, zum anderen wird gerade am Unterlauf des Stroms massig Sand aus dem Flussbett gebaggert. Er dient der boomenden Bauindustrie als Rohstoff. Beton besteht schließlich zum größten Teil aus Sand. Die Gewinnung ist schlecht reguliert, illegaler Raubbau weitverbreitet. Sogar im Delta selbst sind flottillenweise Baggerschiffe tätig – mit verheerenden Folgen. Das Wasser nagt an den Flussufern, bedroht Felder und Häuser. Die vietnamesischen Behörden haben erste Umsiedlungen angeordnet. Kommunen bitten die Regierung um Geld für den Bau von Deichen, doch die Sicherung des gesamten Deltagebiets dürfte kaum finanzierbar sein. Nun hat Hanoi einen Notfallplan erstellt. Evakuierung spielt darin eine tragende Rolle.

Die jahrhundertealte Kulturlandschaft, so scheint es, könnte zumindest teilweise geräumt und dem Meer überlassen werden.

Dämme und Bagger sind gleichwohl nicht die einzigen Schuldigen. Über allem schwebt auch diesmal wieder der Klimawandel. Der steigende Ozeanpegel verschärft die Lage direkt an der Küste, wo häufigere Tropenstürme die Erosion zusätzlich verstärken könnten. Weit landeinwärts dagegen verursacht Regenmangel Probleme. Durch Dürren wie jene im Jahr 2019 gelangt weniger Wasser in den Mekong, was sich negativ auf das gesamte System auswirkt. Im Delta selbst wiederum wird zu viel Grundwasser hochgepumpt. Das Land sackt dadurch ab – eine weitere Marschhilfe für die hungrige See. Die Natur hält aber ein Gegenmittel parat: Mangroven. Sie stellen praktisch die Leitvegetation tropischer Wattküsten. Mangrovenbäume, wovon es weltweit rund 73 verschiedene Arten gibt, wurden von der Evolution mit Salztoleranz und verzweigten Stelzwurzeln ausgestattet. Es sind echte Pioniere. Ihre Samen werden vom Wasser fortgeschwemmt, die Strömungen tragen sie zu neuen Ufern. Dort keimen sie im Schlick und trotzen den Elementen. Ein heranwachsender Mangrovenwald stabilisiert seine eigene Grundlage. Die aufragenden Wurzeln bremsen die Wasserbewegungen, sodass sich Sandpartikel und Schwebstoffe leichter absetzen. Das Watt beginnt zu verlanden. Quasi nebenbei bieten die dichten Wurzelgeflechte ganzen Heerscharen von Jungfischen, Krebsen und anderem Getier einen Lebensraum. Die menschlichen Anwohner von Mangroven profitieren somit gleich mehrfach. Die Wälder halten ihnen das Meer vom Leib, und gleichzeitig steigern sie die Fischereierträge. Zusätzlich liefern die Bäume Holz und zum Teil auch Früchte. Besser geht's kaum.

Zerstörung von Mangrovenwäldern für Aquakulturen
Man verstand es trotzdem nicht. Jahrzehntelang wurden an vielen südostasiatischen Küsten die Mangroven zerstört, auch im Mekongdelta. Zunächst war es vor allem des Holzes wegen, in den Neunzigern jedoch erlebte die Aquakultur einen enormen Aufschwung. Die weltweite Nachfrage nach »Riesengarnelen«, »Black Tiger Prawns« und dergleichen stieg rapide an. Die Tiere werden in ufernahen Teichen gezüchtet. Um dafür Platz zu machen, mussten die Mangroven verschwinden – nicht nur in Vietnam. Inzwischen gehören die Wattwälder zu den am stärksten gefährdeten Ökosystemen unseres Planeten. Ihre Gesamtfläche ist um mehr als ein Drittel geschrumpft. Die vietnamesische Regierung scheint endlich das Potenzial von Mangroven zu erkennen. Wiederaufforstungsprogramme zeigen erste Erfolge, und die verbleibenden Naturbestände werden besser geschützt. Für die Rettung des Mekongdeltas dürfte es allerdings kaum reichen. Die Bäume können nur Teil eines Gesamtkonzepts sein. Die Entwicklung

eines solchen setzt gleichwohl dreierlei voraus: internationale Kooperation, detaillierte Kenntnisse über Ökologie und Geologie des Stroms in seinem gesamten Einzugsgebiet und die Akzeptanz der begrenzten Zugriffsmöglichkeiten. Letzteres dürfte am schwierigsten zu bewerkstelligen sein. Der Mekong ist eben keine bloße Gestaltungsmasse, sondern ein System mit eigener Dynamik. Jeder Raubbau rächt sich. Die Entscheidungsträger scheinen sich dieser Einsicht zu verweigern. Laut einem im Januar 2020 veröffentlichten Bericht der *Financial Times* importiert Vietnam zunehmend wasserkraftgenerierten Strom aus Laos – ein Anreiz für den Bau weiterer Dämme. Wie soll man das verstehen?

Das Trauerspiel um den Mekong steht exemplarisch für das ganze Ausmaß menschlichen Versagens im Umgang mit Naturressourcen. Wir schlachten die Gänse mit den goldenen Eiern. Die Zerstörungen wirken sich nicht nur heute und morgen aus, sie vernichten auch Optionen, die Zukunftsperspektiven der uns nachfolgenden Generationen. Das klingt zwar wie ein Allgemeinplatz, ist aber die bittere Wahrheit. Die Mekongregion ist ein bislang nur unzureichend erforschter Biodiversitäts-Hotspot. Irgendwo in einem der verbleibenden Regenwälder gedeiht vielleicht eine Pflanzenart, deren Gift nicht nur gefräßige Insekten abschreckt, sondern auch Viren blockiert. Verschwindet der Dschungel, verschwindet das Gewächs, und mit ihm ein potenzielles Medikament. Kein Forscher hat es je zu Gesicht bekommen. Es ist, als würde man eine riesige Bibliothek anzünden. Knapp 700 der seit 1981 in den USA zugelassenen medizinischen Wirkstoffe basieren auf einer Natursubstanz. Wer der Natur schon keinen eigenständigen Wert mitsamt dem daraus hervorgehenden Existenzrecht zusprechen mag, sollte zumindest ihre Gaben zu schützen wissen. Aus reinem Eigennutz.

Internationale Beschlüsse für Umwelt und Naturschutz

Die Mahnungen der vergangenen Jahrzehnte sind nicht ohne Gehör geblieben. Internationale Gremien haben getagt, Beschlüsse gefasst und Programme gestartet, und sie tun das unermüdlich weiter. Ein wesentlicher Meilenstein zur Abwendung des ökologischen Kollapses sollte der 2010 von der Biodiversitäts-Convention (CBD) verabschiedete Strategieplan sein. Seine Vision ist eine Welt, die »in Harmonie mit der Natur lebt«. Bis 2050 sollte die Biodiversität »wertgeschätzt, geschützt, wiederhergestellt und mit Bedacht genutzt werden«. Der Erhalt von Ökosystem-Leistungen gewährleiste einen »gesunden Planeten und essenzielle Vorteile für alle Menschen«. Der Plan beinhaltet 20 konkrete Vorgaben, die bis 2020 zu erreichenden »Aichi-Biodiversitätsziele« (siehe Tabelle auf den Seiten 88–91), benannt nach dem Austragungsort der damaligen Versammlung.

Weitere internationale Beschlüsse mit Bedeutung für Natur- und Umweltschutz sind die 17 *Sustainable Development Goals* (SDG) der Vereinten Nationen (siehe Tabelle auf Seite 104) sowie eine Vielzahl multilateraler Verträge. Dazu zählen das Übereinkommen über den internationalen Handel mit gefährdeten Arten frei lebender Tiere und Pflanzen (CITES) oder die *Ramsar Convention* zum Schutz von Feuchtgebieten. Sehr viel Papier mit sehr vielen hehren Worten, doch bei der Umsetzung hapert's gewaltig.

Die Aichi-Ziele

Besonders ernüchternd ist eine genaue Betrachtung der 20 Aichi-Ziele. Zur Beurteilung der Fortschritte haben die IPBES-Experten 68 verschiedene Indikatoren ausgewählt. Deren Evaluierung zeigt: Viele der Vorgaben konnten bis 2020 noch nicht mal ansatzweise erfüllt werden, zum Teil gibt es sogar Rückschritte. Die einzigen als »gut« eingestuften Umsetzungen sind formeller Natur – die offizielle Ausweisung von Schutzgebieten zum Beispiel. Was diese in der Praxis bewirken, steht auf einem anderen Blatt. Für einige Teilziele bekamen die Forscher noch nicht einmal genug Daten. Ihre Beurteilung bleibt somit offen. Wenden wir uns stattdessen dem Konkreten zu.

Die Aichi-Biodiversitätsziele

Strategisches Ziel A (Kernziele 1–4): Bekämpfung der Ursachen des Rückgangs der biologischen Vielfalt durch ihre durchgängige Einbeziehung in alle Bereiche des Staates und der Gesellschaft

1   Bis spätestens 2020 sind sich die Menschen des Wertes der biologischen Vielfalt und der Schritte bewusst, die sie zu ihrer Erhaltung und nachhaltigen Nutzung unternehmen können.

2   Bis spätestens 2020 ist der Wert der biologischen Vielfalt in den nationalen und lokalen Entwicklungs- und Armutsbekämpfungsstrategien und Planungsprozessen berücksichtigt worden und wird soweit angemessen in die volkswirtschaftliche Gesamtrechnung und die Berichtssysteme einbezogen.

3   Bis spätestens 2020 werden der biologischen Vielfalt abträgliche Anreize einschließlich Subventionen beseitigt, schrittweise abgebaut oder umgestaltet, um die negativen Auswirkungen auf ein Minimum zu reduzieren oder zu vermeiden, und sind positive Anreize zur Förderung der Erhaltung und nachhaltigen Nutzung der biologischen Vielfalt in Übereinstimmung und im Einklang mit dem Übereinkommen und anderen einschlägigen internationalen Verpflichtungen und unter Berücksichtigung der nationalen sozioökonomischen Bedingungen geschaffen und zur Anwendung gebracht.

4   Bis spätestens 2020 haben die Regierungen, Unternehmen und Interessengruppen auf allen Ebenen zur Gewährleistung einer nachhaltigen Produktion und eines nachhaltigen Konsums Schritte eingeleitet oder Pläne umgesetzt und die Auswirkungen der Nutzung von Naturressourcen auf ein ökologisch vertretbares Maß beschränkt.

Strategisches Ziel B (Kernziele 5 – 10): Abbau der auf die biologische Vielfalt einwirkenden unmittelbaren Belastungen und Förderung einer nachhaltigen Nutzung

5   Bis 2020 ist die Verlustrate aller natürlichen Lebensräume einschließlich Wäldern mindestens um die Hälfte und, soweit möglich, auf nahe Null reduziert und die Verschlechterung und Fragmentierung erheblich verringert.

6   Bis 2020 sind alle Fisch- und Wirbellosenbestände und Wasserpflanzen nachhaltig, ordnungsgemäß und auf der Grundlage ökosystemarer Ansätze bewirtschaftet und genutzt, sodass eine Überfischung vermieden wird, und sind für alle dezimierten Arten Erholungspläne und -maßnahmen vorhanden, keine erheblichen nachteiligen Auswirkungen auf bedrohte Arten und empfindliche Ökosysteme durch die Fischerei gegeben und die Auswirkungen der Fischerei auf Bestände, Arten und Ökosysteme auf ein ökologisch vertretbares Maß beschränkt.

7   Bis 2020 sind alle für die Landwirtschaft, Aquakultur und Forstwirtschaft genutzte Flächen unter Gewährleistung des Schutzes der biologischen Vielfalt nachhaltig bewirtschaftet.

8   Bis 2020 ist die Verschmutzung der Umwelt, unter anderem auch durch überschüssige Nährstoffe, wieder auf ein für die ökosystemare Funktion und die biologische Vielfalt unschädliches Niveau gebracht worden.

9   Bis 2020 sind die invasiven gebietsfremden Arten und ihre Einschleppungswege identifiziert und nach Priorität geordnet, prioritäre Arten kontrolliert oder beseitigt und Maßnahmen zur Überwachung der Einfallswege ergriffen, um eine Einschleppung und Ansiedlung zu verhindern.

10   Bis 2015 sind die vielfältigen anthropogenen Belastungen der Korallenriffe und der übrigen vom Klimawandel oder von der Versauerung der Ozeane betroffenen empfindlichen Ökosysteme auf ein Minimum reduziert, sodass ihre Unversehrtheit und Funktionsfähigkeit gewahrt ist.

Strategisches Ziel C (Kernziele 11–13): Verbesserung des Zustands der biologischen Vielfalt durch Sicherung der Ökosysteme und Arten sowie der genetischen Vielfalt

11   Bis 2020 sind mindestens 17 Prozent der Land- und Binnenwassergebiete und 10 Prozent der Küsten- und Meeresgebiete, insbesondere Gebiete von besonderer Bedeutung für die biologische Vielfalt und für die Ökosystemleistungen, durch effektiv und gerecht gemanagte, ökologisch repräsentative und gut vernetzte Schutzgebietssysteme und andere wirksame gebietsbezogene Erhaltungsmaßnahmen geschützt und in die umgebende (terrestrische/marine) Landschaft integriert.

12   Bis 2020 ist das Aussterben bekanntermaßen bedrohter Arten unterbunden und ihre Erhaltungssituation, insbesondere die der am stärksten im Rückgang begriffenen Arten, verbessert und stabilisiert worden.

13   Bis 2020 ist die genetische Vielfalt der Nutzpflanzen und der landwirtschaftlichen Nutztiere und ihrer wilden Artverwandten, einschließlich anderer sozioökonomisch sowie kulturell wertvoller Arten, gesichert und sind Strategien zur größtmöglichen Begrenzung der genetischen Verarmung und zur Bewahrung der genetischen Vielfalt entwickelt und umgesetzt worden.

Strategisches Ziel D (Kernziele 14–16): Mehrung der sich aus der biologischen Vielfalt und den Ökosystemleistungen ergebenden Vorteile für alle

14   Bis 2020 sind die Ökosysteme, die wesentliche Leistungen einschließlich wasserbezogener Leistungen bereitstellen und zu Gesundheit, Existenzsicherung und Wohlergehen beitragen, unter Berücksichtigung der Bedürfnisse von Frauen, indigenen und ortsansässigen Gemeinschaften sowie der ärmeren und anfälligeren Bevölkerungsgruppen wiederhergestellt und gesichert.

15   Bis 2020 ist die Widerstandsfähigkeit der Ökosysteme und der Beitrag der biologischen Vielfalt zu den Kohlenstoffvorräten durch Erhaltungs- und Wiederherstellungsmaßnahmen, einschließlich der Wiederherstellung von mindestens 15 Prozent der geschädigten Ökosysteme, erhöht und somit ein Beitrag zur Abschwächung des Klimawandels und zur Anpassung daran sowie zur Bekämpfung der Wüstenbildung geleistet worden.

16   Bis 2015 ist das Protokoll von Nagoya über den Zugang zu genetischen Ressourcen und die ausgewogene und gerechte Aufteilung der sich aus ihrer Nutzung ergebenden Vorteile im Einklang mit den innerstaatlichen Rechtsvorschriften in Kraft und wirksam.

Strategisches Ziel D (Kernziele 17–20): Verbesserung der Umsetzung durch partizipative Planung, Wissensmanagement und Kapazitätsaufbau

17 Bis 2015 haben alle Vertragsparteien wirksame, partizipative und aktualisierte nationale Biodiversitätsstrategien und Aktionspläne ausgearbeitet und als Politikinstrument verabschiedet und mit ihrer Umsetzung begonnen.

18 Bis 2020 werden die für die Erhaltung und nachhaltige Nutzung der biologischen Vielfalt wichtigen traditionellen Kenntnisse, Innovationen und Gebräuche der indigenen und ortsansässigen Gemeinschaften und ihre herkömmliche Nutzung biologischer Ressourcen vorbehaltlich der innerstaatlichen Rechtsvorschriften und einschlägiger internationaler Verpflichtungen geachtet und bei der Durchführung des Übereinkommens unter umfassender und wirksamer Beteiligung der indigenen und ortsansässigen Gemeinschaften auf allen relevanten Ebenen in vollem Umfang integriert und berücksichtigt.

19 Bis 2020 sind die Kenntnisse, die Wissenschaftsbasis und die Technologien im Zusammenhang mit der biologischen Vielfalt, ihren Werten und Funktionen, ihrem Zustand und ihren Trends und den Folgen ihres Verlusts verbessert, umfassend verbreitet und weitergegeben und angewendet.

20 Bis spätestens 2020 soll die Mobilisierung finanzieller Mittel für die wirksame Umsetzung des strategischen Plans 2011–2020 aus allen Quellen und in Übereinstimmung mit dem in der Strategie zur Mobilisierung von Finanzmitteln zusammengefassten und vereinbarten Verfahren gegenüber dem aktuellen Stand erheblich zunehmen. Dieses Ziel kann sich nach Maßgabe der von den Vertragsparteien zu erstellenden und übermittelten Mittelbedarfsschätzungen ändern. Der fachlichen Begründung wird ein Verweis auf Artikel 16 des Übereinkommens beigefügt.

Quelle: Bundesamt für Naturschutz Deutschland.

Strategisches Ziel A: Verbesserung der biologischen Vielfalt durch die Einbeziehung von Staat und Gesellschaft

Neuerung braucht Erkenntnis und Einsicht. Das Bewusstsein über den Wert der Natur sollte besser in der Bevölkerung verankert werden (Ziel 1). Tatsächlich können inzwischen mehr als 90 Prozent der Menschen in so unterschiedlichen

Ländern wie Frankreich, Peru und China mit dem Begriff »Biodiversität« etwas verbinden. Das heißt allerdings nicht, dass sie den Artenschutz aktiv unterstützen würden. Ökologisches Grundwissen ist meist Mangelware. Im Vergleich zur Jahrtausendwende scheint heute sogar etwas weniger Geld in Umweltbildung investiert zu werden. Europäische Schulprogramme legen den Fokus eher auf Molekularbiologie und Biochemie. Das soll die Industrienationen im Innovationswettbewerb stärken. Die Integration von Biodiversitätsaspekten in die Entwicklungs- und Wirtschaftspolitik (Ziel 2) scheint ebenfalls keine großen Fortschritte zu machen. Für die meisten Entscheidungsträger bleibt dies offenbar ein Randthema. Dementsprechend wurde auch der Abbau umweltschädlicher Subventionen und das Setzen positiver Anreize (Ziel 3) kaum angegangen. Konkrete Programme für nachhaltige Produktion und Konsum (Ziel 4)? Kein konsequentes Vorgehen erkennbar. Zwar steigt in den reichen Staaten die Nachfrage nach umweltfreundlichen Produkten, doch solche »grünen« Angebote decken weltweit nur 4 Prozent des gesamten Verbrauchs ab. Der Hyperkonsum der Wohlhabenden verursacht weiterhin empfindliche Biodiversitätsverluste, etwa die Hälfte davon durch Telekopplung in den weit entfernten Entwicklungs- und Schwellenländern. Aus den Augen, aus dem Sinn.

Strategisches Ziel B: Abbau der Belastungen und Förderung einer nachhaltigen Nutzung
Bei der Bekämpfung direkter Schäden werden die Defizite noch deutlicher sichtbar. Lebensraumzerstörung zu stoppen (Ziel 5), gelingt bislang nur in manchen Gebieten. Der weltweite Waldverlust nahm von jährlich rund 17 Millionen Hektar im Zeitraum 2001 bis 2010 auf circa 21 Millionen Hektar pro Jahr zwischen 2011 und 2016 zu. Ein kleiner Lichtblick

ist die neuerliche Zunahme von Mangrovenflächen an den Küsten Lateinamerikas und in der Karibik. Von den 292 größeren Flusssystemen unseres Planeten können nur noch 120, also weniger als die Hälfte, frei fließen. 25 sind aktuell vom Bau weiterer Staudämme bedroht.

Beim verbesserten Management und der nachhaltigen Bewirtschaftung von wasserlebenden Ressourcen (Ziel 6) zeigen sich zum Teil erhebliche Rückschritte. Viele Fischbestände, global mindestens 30 Prozent, werden nach wie vor stark überfischt, und die besonders schädliche Schleppnetzfischerei hat weiter zugenommen. Fischereiökologische Erkenntnisse bekommen in der Politik oft nur unzureichend oder gar keine Berücksichtigung. Und auch wenn es einige Erfolge beim Verringern von Beifang gegeben hat, so sterben alljährlich noch immer geschätzte 700.000 Seevögel durch Netze und Fangleinen von Fischern. Rund 100.000 der getöteten Tiere sind Albatrosse, von deren insgesamt 22 Arten 17 auf der Roten Liste stehen.

Landwirtschaft, Aquakultur und Forstwirtschaft sollten bis 2020 nachhaltig sein, zum Erhalt der Biodiversität (Ziel 7). Das ist nicht annähernd der Fall.

Großflächige Monokulturen sind auf dem Vormarsch, viele Agrarlandschaften zu desolaten Ödnissen verkommen, in denen fast nur noch Feldfrüchte wachsen und kaum noch Tiere leben. Hecken, Waldinselchen, Trockenhänge – ökologische Infrastruktur eben – wurden beseitigt. Ähnliches zeigt sich in bestimmten Forsten. Eukalyptusplantagen auf der Iberischen Halbinsel zum Beispiel sind ökologische Totalausfälle. Die heimische Fauna kann mit den ursprünglich aus Australien stammenden Bäumen nichts anfangen. Das harte Falllaub verhindert zudem Unterwuchs. Insekten finden keine Nahrung, und dadurch fehlen auch die Vögel. Es sind totenstille, gespenstisch anmutende Wälder. Dafür brennen sie im Ernstfall wie Zunder. Die verheerenden Waldbrände in Portugal im Jahr 2017 wurden zum Teil durch eine völlig verfehlte Aufforstungspolitik ausgelöst. Eukalyptusbäume sind zwar schnellwüchsig und somit ein Rohstofflieferant für die Industrie; sie enthalten aber auch viele ätherische Öle – richtige Brandbeschleuniger. Solche Gewächse sollte man wirklich nicht Reih an Reih in sommertrockenen, besiedelten Gebieten pflanzen.

Die bescheidenen Fortschritte im Bereich des ökologischen Landbaus können die Biodiversitätsverluste bisher nicht wettmachen, doch sie dienen immerhin als Hoffnungsträger. Bioprodukte bieten Verbrauchern zunehmend Alternativen zur konventionellen Massenware. Die Aquakultur indes stand einst in dem Ruf, eine nachhaltige Option zur Deckung steigenden Bedarfs an Fisch und Meeresfrüchten zu sein. Leider hat sich das weitgehend als Irrtum erwiesen. Millionen Lachse, Wolfsbarsche und Doraden müssen schließlich ernährt werden, und gerade diese äußerst beliebten Speisefische sind von Natur aus keine Pflanzenfresser. Sie benötigen tierisches Eiweiß sowie Fette – zum Großteil aus dem Meer.

Rund ein Sechstel der weltweiten Fischanlandungen wird zu Fischmehl und Fischöl verarbeitet, das meiste davon geht in Futtermittel für die Aquakultur.

Die Mastanlagen selbst verursachen ebenfalls Umweltprobleme. Aus riesigen schwimmenden Käfiganlagen mit Zigtausenden Fischen gelangen reichlich Exkremente und Tierarznei ins Wasser. Für viele Küstenökosysteme ist das eine erhebliche Belastung. Chiles Fjorde wurden bereits mehrfach von massiven Algenblüten heimgesucht, was wiederum Tonnen an Wildfischen und Muscheln das Leben kostete.

Verschmutzung ist gewissermaßen der Klassiker der Naturzerstörung, sie wirksam zu verringern, noch immer eine zentrale Herausforderung (Ziel 8). Angesichts stinkender Flüsse und smoggeplagter Städte erwuchs in den westlichen Industriestaaten vor rund 50 Jahren die Umweltbewegung. Wie bereits geschildert, kann Letztere eine Reihe beeindruckender Erfolge vorweisen. Wasserqualität und Luftreinhaltung haben sich in Europa und Nordamerika spürbar verbessert, so manches ehemals zur Kloake verkommene Gewässer wurde gar wieder zum Baden freigegeben. Die Stickstoffeinträge dagegen sind in weiten Teilen der Welt nach wie vor viel zu hoch, in vielen Gegenden steigen sie ungehindert an. Wasserverschmutzung sucht heute vor allem die Entwicklungs- und Schwellenländer heim. In Lateinamerika dürften 6 bis 10 Prozent der Flussabschnitte stark organisch belastet sein; auf dem afrikanischen Kontinent 7 bis 15 Prozent; in Asien 11 bis 17 Prozent, überall mit steigender Tendenz. Dazu kommen bekanntlich tonnenweise Pestizide und Plastik. Halbwegs effiziente Gegenmaßnahmen sind vorerst nicht in Sicht.

Die Bekämpfung invasiver Tier- und Pflanzenarten (Ziel 9) hat in den vergangenen Jahrzehnten mehr Aufmerksamkeit bekommen – aus sehr guten Gründen. Der ostafrikanische Viktoriasee erstickt fast unter dichten Teppichen aus schwimmenden Wasserhyazinthen, die eigentlich in Südamerika heimisch sind. Louisiana-Sumpfkrebse (*Procambarus clarkii*) aus dem Süden der USA krempeln in Italien und auf der Iberischen Halbinsel Süßwasser-Ökosysteme um. An Land töten dort derweil die Larven des aus Südostasien eingeschleppten Roten Palmrüsslers (*Rhynchophorus ferrugineus*) zu Tausenden die Palmen. Einer der größten vagabundierenden Killer ist *Batrachochytrium dendrobatidis*. Dieser aus Afrika stammende, parasitische Pilz infiziert Lurche und tötet viele. Der Krankheitserreger befällt weltweit schon über 700 Amphibienarten. Knapp 400 davon sind durch die Tierpandemie gefährdet, einige davon bereits ausgestorben. Manche Invasoren stellen auch für die menschliche Gesundheit eine Bedrohung dar. Das nordamerikanische Ragweed (*Ambrosia artemisiifolia*), eine mit dem Wermut verwandte Staude, hat sich in weiten Teilen Europas ausgebreitet. Sie produziert die stärksten allergenen Pollen der Welt, ein Albtraum für Heuschnupfen-Patienten. Aus Ostasien wiederum gelangte mit dem Zierbambus die Tigermücke (*Aedes albopictus*) auf unseren Kontinent. Die Blutsauger leben normalerweise im Regenwald, sind aber äußerst anpassungsfähig. Ihre Eier legen sie bevorzugt in wassergefüllten Baumlöchern. Inzwischen jedoch haben Tigermücken zahlreiche Metropolen, darunter auch Rom und Barcelona besiedelt, wo ihnen alte Autoreifen und leere Büchsen Ersatzbrutstätten stellen. Leider sind die Insekten nicht nur lästige Plagegeister. Als sogenannte Vektoren können sie verschiedene Viren übertragen. In Italien sind Tigermücken seit 2007 offenbar für mehrere Ausbrüche des tropischen Chikungunya-Fiebers verantwortlich gewesen.

Unter den Gesichtspunkten des Artenschutzes können auch Mäuse, Ratten und Katzen gefährliche Eindringlinge sein. Auf Inseln ausgesetzt, trafen die Vierbeiner oft auf eine völlig naive Fauna. Die lokale Tierwelt, gewöhnt an ein sicheres Leben in Abgeschiedenheit, hatte und hat den hungrigen Neuankömmlingen nichts entgegenzusetzen. Ein ungewöhnlich grausiges Beispiel ging 2018 durch die Presse. Gough Island im Südatlantik ist eine der wichtigsten Brutkolonien der Welt. Rund zehn Millionen Seevögel aus 24 verschiedenen Spezies leben hier, darunter fast alle verbliebenen Exemplare des vom Aussterben bedrohten Tristan-Albatros (*Diomedea dabbenena*). Die Vögel sind allerdings nicht mehr allein. Vor vermutlich mehr als 100 Jahren brachten Robbenjäger mit ihren Schiffen Mäuse nach Gough Island. Anfangs dürfte es den Nagern nicht leicht ergangen sein in ihrer neuen

Heimat. Die Vulkaninsel ist karg und das Nahrungsangebot knapp. Irgendwann aber lernten die Mäuse, Eier zu fressen. Und Jungvögel. Inzwischen scheinen die Knopfaugen vollkommen auf den Nestraub spezialisiert zu sein. Sie fallen nachts in Trupps über die wehrlosen Küken her und fressen diese zum Teil bei lebendigem Leibe. Die »Killermäuse« sind rund 50 Prozent größer als ihre Artgenossen auf dem Festland, was womöglich eine Folge ihrer neuen, karnivoren Lebensweise ist. Evolution in Aktion.

Für den Tristan-Albatros sieht es gleichwohl düster aus. Nur noch 2.000 Brutpaare verbleiben, deren Vermehrungsrate ohnehin ziemlich niedrig ist. Die Vögel pflanzen sich lediglich alle zwei Jahre fort und ziehen dann einen einzigen Nachkommen auf – wenn die Mäuse nicht schneller sind. Auch die anderen gefiederten Bewohner von Gough Island leiden enorm unter der Nagerplage. Rund zwei Millionen Eier und Jungvögel scheinen die hungrigen Horden jedes Jahr zu verzehren. Die britische Royal Society for the Protection of Birds will dem Spuk nun ein Ende bereiten. Ab 2020 sollen auf der Insel flächendeckend giftige Mäuseköder ausgebracht werden. Den fischfressenden Seevögeln droht dabei keine Gefahr. Es ist nicht der erste Feldzug dieser Art. Naturschützer haben bereits Hunderte meist viel kleinerer Eilande von eingeschlepptem Getier befreit, mindestens 107 hochgefährdete Vogel-, Säuger und Reptilienarten dürften bisher von solchen Kampagnen profitiert haben. Der größte Erfolg war die 2018 abgeschlossene Ausmerzung von Ratten und Mäusen auf Südgeorgien, einer ebenfalls im Südatlantik gelegenen, gut 160 Kilometer langen Insel. Das Unternehmen dauerte knapp zehn Jahre. Seitdem nehmen die Populationen mancher stark dezimierter Vogelarten wie die der Südgeorgien-Pieper (*Anthus antarcticus*) in erstaunlichem Tempo wieder zu. Ein Lichtblick in schweren Zeiten.

Von anderswo dagegen könnten die Nachrichten kaum beunruhigender sein. Der Klimawandel übt auf viele Ökosysteme zunehmend Druck aus, und die Gefährdeten sollten so viel wie möglich vor weiteren Störungen verschont bleiben (Ziel 10). Dennoch sind rund 60 Prozent aller Korallenriffe unmittelbaren Belastungen ausgesetzt, in erster Linie durch Überfischung.

Strategisches Ziel C: Verbesserung der biologischen Vielfalt
Die Gesundheit eines Riffs hängt stark von seinen schwimmenden Bewohnern ab. Fische weiden unter anderem Algen ab, welche die Stöcke überwuchern können. Die Verschmutzung von Küstengewässern setzt den Korallen ebenfalls zu. Schonung sieht anders aus. Mehr Fortschritt gibt es bei der Ausweisung konkreter Schutzgebiete – sowohl an Land wie auch im Meer. Bis 2020 sollte ihr Anteil an der gesamten Landoberfläche und an Ozeanen 17 beziehungsweise 10 Prozent betragen (Ziel 11). Stand April 2021 waren es 16,4 und 7,7 Prozent. Kein schlechtes Ergebnis. Besonders große Reservate entstanden in letzter Zeit im Pazifik. Der Marae Moana Marine Park in den Gewässern der Cookinseln umfasst 1,97 Millionen Quadratkilometer, ein weiteres vor Hawaii 1,5 Millionen Quadratkilometer. Solche Zahlen beeindrucken, gewiss, doch Fläche allein genügt nicht. Von über 25.000 Spezies, deren Erhaltungszustand gut dokumentiert ist, haben nur 57 Prozent ausreichend Schutzzonen in ihren Verbreitungsgebieten. Die Auswahl der Reservate deckt sich oft nicht mit den außergewöhnlich artenreichen und ökologisch wertvollen Regionen. Stattdessen werden eher Areale ausgewiesen, wo es die wenigsten Interessenkonflikte gibt. 823 verschiedene Ökoregionen gibt es weltweit; in nicht einmal der Hälfte davon wird das 17-Prozent-Ziel erreicht. Dasselbe gilt für die 232 marinen Ökoregionen mit ihrer

10-Prozent-Vorgabe. Von den extrem wichtigen »Biodiver-sitäts-Schlüsselgebieten« ist nur ein Fünftel komplett ge-schützt – zumindest auf dem Papier. Lediglich 10 Prozent der Reservate auf der Welt bleiben wirklich frei von mensch-lichen Eingriffen.

Das nächste traurige Bild bietet sich beim Blick auf den Artenschutz im engeren Sinne. Weiteres Aussterben sollte verhindert und die Gefährdung von Spezies verringert wer-den (Ziel 12). Das funktioniert offenbar nicht, wie wir schon gesehen haben. Rund eine Million Arten könnten in abseh-barer Zeit verschwinden. Zu den kürzlich von uns gegan-genen zählen unter anderem solche Berühmtheiten wie der Chinesische Flussdelfin (*Lipotes vexillifer*) und eine der Galapagos-Riesenschildkröten, nämlich *Chelonoides abingdonii*. Diese Schwergewichte wurden an die 100 Jahre alt. Das letzte Exemplar, »Lonesome George«, verstarb 2012 in einer For-schungsstation auf der Insel Santa Cruz. Welche Spezies wird die Nächste sein? Ein wahrscheinlicher Kandidat ist der Vaquita (*Phocoena sinus*) im Golf von Kalifornien. Diese nur anderthalb Meter langen Schweinswale fallen der illegalen Stellnetzfischerei auf den ebenfalls stark gefährdeten *Totoaba macdonaldi*, einem bis zu 110 Kilo schweren Raubfisch, zum Opfer. Der Hintergrund: *Totoaba*-Schwimmblasen gelten in der chinesischen Küche als Delikatesse und sollen angeblich die Fruchtbarkeit fördern. Aktuell scheint es nur noch 19 überlebende Vaquitas zu geben. Ihr Schicksal ist vermutlich schon besiegelt.

Wie viele unbekannte, kleine und unauffällige Arten un-bemerkt das Zeitliche segnen, weiß logischerweise nie-mand. Ihre Zahl geht vermutlich in die Tausende. Ohne die vielen Schutzprojekte sähe die Lage allerdings deut-lich schlimmer aus, betonen die IPBES-Experten.

Sowohl das Java-Nashorn (*Rhinoceros sondaicus*) wie auch das indische Panzernashorn (*Rhinoceros unicornis*) wären irgendwann in den letzten 25 Jahren vom Erdboden verschwunden, ebenso mindestens 16 verschiedene Vogelspezies. Einer Modellrechnung zufolge dürfte der Artenschutz das globale Aussterberisiko bei Säugern und Vögeln um durchschnittlich 29 Prozent verringert haben. Immerhin. Viele Bestände schrumpfen dennoch weiter. Bei den Wirbeltieren haben sich die Populationsgrößen seit 1970 im Schnitt mehr als halbiert. Ein Sterben auf Raten. Zunehmende Verluste sind auch unter den Nutztieren und -pflanzen zu beklagen. Ihre genetische Vielfalt gilt es ebenfalls zu bewahren (Ziel 13), für die meisten Arten jedoch wurden noch nicht einmal sämtliche Zuchtsorten erfasst.

Strategisches Ziel D: Mehrung der sich aus der biologischen Vielfalt und den Ökosystemleistungen ergebenden Vorteile für alle

Eine Reihe von Ökosystemen bieten dem Menschen essenzielle Leistungen. Erstere zu sichern und sie gegebenenfalls wiederherzustellen (Ziel 14) hat somit höchste Priorität. Holzproduktion und Erntemengen sind in den vergangenen Jahrzehnten gestiegen, was erhebliche wirtschaftliche Vorteile mit sich brachte. Diese Gewinne dürften allerdings nicht von Dauer sein, weil Wälder und Böden zunehmend geschädigt werden. Die Stärkung von Ökosystemen, das Steigern ihrer Widerstandskraft (Ziel 15) würde über deren Kohlenstoffspeicherung auch dem Kampf gegen den Klimawandel zugutekommen. Inwiefern diese Vorgabe erfüllt wird, lässt sich auf Basis der momentanen Datenlage nicht beurteilen. Die vorliegenden Informationen lassen gleichwohl nichts Gutes erahnen. Neben Waldzerstörung bereiten vor allem die zunehmenden Bodenschäden Fachleuten Sorgen. Zwischen 50 und 176 Gigatonnen Kohlenstoff, gebunden in Form von Humus und ähnlichem Material, sind dem Erdreich schon verloren gegangen. Bis 2050 könnten weitere 65 Gigatonnen verschwinden. Ein Großteil davon landet über kurz oder länger in der Atmosphäre.

Im Sinne der Gerechtigkeit soll zudem das sogenannte Nagoya-Protokoll zur fairen Nutzung genetischer Ressourcen konsequent umgesetzt werden (Ziel 16). 128 Unterzeichnerstaaten und die Europäische Union haben die 2010 geschlossene Vereinbarung mittlerweile ratifiziert, die Mehrheit von ihnen auch konkrete Gesetze dazu erlassen.

Strategisches Ziel D: Verbesserung der Umsetzung durch partizipative Planung, Wissensmanagement und Kapazitätsaufbau

Die letzte Kategorie der Aichi-Ziele umfasst die Realisierung und die Basis weiterer Maßnahmen. Nationale Biodiversitätsstrategien und Aktionspläne (Ziel 17) wurden bereits von 191 verschiedenen Ländern entwickelt, die Implementierung indes steckt oft noch in den Anfängen – wenn überhaupt. Die Anerkennung und Berücksichtigung traditionellen Wissens (Ziel 18) findet viel zu selten statt. In die nationalen Biodiversitätsstrategien werden überlieferte, nachhaltige Nutzungsmethoden, zum Beispiel in der Landwirtschaft, nur vereinzelt aufgenommen. Viele indigene Gemeinschaften müssen nach wie vor um Landrechte kämpfen, ihre Einbindung in Entscheidungsprozesse ist noch immer die Ausnahme. Auch die Biodiversitätsforschung muss verbessert werden, ihre Erkenntnisse mehr Anwendung finden (Ziel 19). Generell gibt es hier zwar gewisse Fortschritte, aber bestimmte Bereiche und Regionen bleiben stark unterrepräsentiert. So werden rund 40 Prozent der Studien zum Thema Artenvielfalt und -schutz in den USA, Australien und Großbritannien durchgeführt, nur 10 Prozent dagegen auf dem afrikanischen Kontinent. Für Südostasien, diesen ausgedehnten Biodiversitäts-Hotspot, beträgt der Anteil lediglich 6 Prozent.

Bleibt zum Schluss die Frage nach dem Geld. Die Umsetzung des besagten Strategieplans erfordert eine solide Finanzierung. Sie zu gewährleisten (Ziel 20), ist bislang nicht gelungen. Für einen effizienten Schutz besonders wichtiger Gebiete bedarf es jährlich weltweit rund 76 Milliarden US-Dollar. Davon steht nur ein Bruchteil zur Verfügung. Dasselbe gilt für die rund vier Milliarden US-Dollar pro Jahr, die für den gezielten Erhalt gefährdeter Arten gebraucht werden. Vögel, eine der am besten geförderten Tiergruppen, bekommen 12 Prozent der eigentlich benötigten Zuwendungen.

Insgesamt betrachtet müssen die Aichi-Vorgaben leider als gewaltige Luftnummer gewertet werden. Echte Fortschritte gab es kaum.

Vereinbarungen unterzeichnen und Absichtserklärungen abgeben ist einfach, aber weiter reicht der Schwung anscheinend nicht. Wir schreiben jetzt das Jahr 2021, und der reale Zustand der Natur hat sich weiterhin verschlechtert. 95 Prozent der Teilnehmerstaaten hinken den Zeitplänen deutlich hinterher, manche sind in den vergangenen zehn Jahren gar gänzlich untätig geblieben. Wie soll man die Verantwortlichen noch ernst nehmen?

Nachhaltige Entwicklungsziele der Vereinten Nationen

Während die Aichi-Ziele dem Schutz des Lebens auf Erden im Ganzen gelten, steht bei den *Sustainable Development Goals* (SDG), den nachhaltigen Entwicklungszielen der Vereinten Nationen, das menschliche Wohlergehen im Vordergrund. Da beide jedoch untrennbar miteinander verbunden sind, lohnt sich eine Betrachtung ihrer Wechselwirkungen. Die IPBES-Autoren unterteilen die 17 SDG (siehe Tabelle auf Seite 104) in vier Gruppen.

Erste Gruppe: Natur
Im Bereich »Natur« sind die bisherigen Ergebnisse ähnlich ernüchternd wie jene der Aichi-Vorgaben. Ein Großteil der Weltbevölkerung verfügt noch immer nicht über genug sauberes Wasser und ausreichend sanitäre Einrichtungen (SDG 6). Rund 70 Prozent des verbrauchten Süßwassers auf Erden gehen aufs Konto der Landwirtschaft, in den ärmsten Staaten sind es über 90 Prozent. Ohne effiziente Bewässerung werden viele Gebiete und ihre Bewohner weiterhin unter Wassermangel leiden. Fehlende Fortschritte im Kampf gegen den Klimawandel (SDG 13) dürften dieses Problem über Dürren weiter verschärfen. Ein sorgfältiger Umgang mit dem Leben im Wasser (SDG 14) wiederum birgt erhebliches Wirtschaftspotenzial. Die Fischerei bietet weltweit circa 260 Millionen Menschen ein Einkommen, die Entwicklungsländer gewinnen daraus jährlich rund 80 Milliarden US-Dollar an Exporteinnahmen (Stand 2014). Die meisten Bestände würden, im Falle einer konsequent nachhaltigen Bewirtschaftung, langfristig höhere Fangerträge liefern. Ähnliche Vorteile ließen sich auch durch verbesserten Umweltschutz an Land (SDG 15) erzielen. So könnten zum Beispiel die massiven Wiederaufforstungen im Rahmen der *Bonn Challenge*, bei der inzwischen 74 Nationen und Organisationen versprachen, bis 2030 weitere 350 Millionen Hektar aufzuforsten, rund 200 Milliarden US-Dollar zusätzlich zu den regionalen und nationalen Volkswirtschaften beitragen – und nebenbei die globalen CO_2-Emissionen um 17 Prozent senken.

SDG – nachhaltige Entwicklungsziele

Ziel 1	Armut in all ihren Formen und überall beenden.
Ziel 2	Den Hunger beenden, Ernährungssicherheit und eine bessere Ernährung erreichen und eine nachhaltige Landwirtschaft fördern.
Ziel 3	Ein gesundes Leben für alle Menschen jeden Alters gewährleisten und ihr Wohlergehen fördern.
Ziel 4	Inklusive, gleichberechtigte und hochwertige Bildung gewährleisten und Möglichkeiten des lebenslangen Lernens für alle fördern.
Ziel 5	Geschlechtergleichstellung erreichen und alle Frauen und Mädchen zur Selbstbestimmung befähigen.
Ziel 6	Verfügbarkeit und nachhaltige Bewirtschaftung von Wasser und Sanitärversorgung für alle gewährleisten.
Ziel 7	Zugang zu bezahlbarer, verlässlicher, nachhaltiger und moderner Energie für alle sichern.
Ziel 8	Dauerhaftes, breitenwirksames und nachhaltiges Wirtschaftswachstum, produktive Vollbeschäftigung und menschenwürdige Arbeit für alle fördern.
Ziel 9	Eine widerstandsfähige Infrastruktur aufbauen, breitenwirksame und nachhaltige Industrialisierung fördern und Innovationen unterstützen.
Ziel 10	Ungleichheit in und zwischen Ländern verringern.
Ziel 11	Städte und Siedlungen inklusiv, sicher, widerstandsfähig und nachhaltig gestalten.
Ziel 12	Nachhaltige Konsum- und Produktionsmuster sicherstellen.
Ziel 13	Umgehend Maßnahmen zur Bekämpfung des Klimawandels und seiner Auswirkungen ergreifen.
Ziel 14	Ozeane, Meere und Meeresressourcen im Sinne nachhaltiger Entwicklung erhalten und nachhaltig nutzen.
Ziel 15	Landökosysteme schützen, wiederherstellen und ihre nachhaltige Nutzung fördern, Wälder nachhaltig bewirtschaften, Wüstenbildung bekämpfen, Bodendegradation beenden und umkehren und dem Verlust der biologischen Vielfalt ein Ende setzen.
Ziel 16	Friedliche und inklusive Gesellschaften für eine nachhaltige Entwicklung fördern, allen Menschen Zugang zur Justiz ermöglichen und leistungsfähige, rechenschaftspflichtige und inklusive Institutionen auf allen Ebenen aufbauen.
Ziel 17	Umsetzungsmittel stärken und die globale Partnerschaft für nachhaltige Entwicklung mit neuem Leben erfüllen.

Quelle: Vereinte Nationen

Zweite Gruppe: Gaben der Natur an den Menschen

In der zweiten SDG-Gruppe, *Nature's Contributions to People* (NCP), tun sich einige schwierige Widersprüche auf. Bei der Bekämpfung der Armut (SDG 1) hat es in den letzten Jahrzehnten einige Erfolge gegeben. Allein in China sind über 400 Millionen Menschen wirtschaftlich in die Mittelschicht aufgestiegen. Mehr Wohlstand führt aber auch zu mehr Konsum und einem höheren Energieverbrauch, mit allen bereits beschriebenen Belastungen für die Naturressourcen. Besonders gut sichtbar ist dieses Problem beim Fleischverzehr. Ein höheres Einkommen scheint zwangsmäßig den Appetit auf Steaks & Co. anzuheizen, fast überall auf der Welt. Tiere sind allerdings keine effizienten Proteinquellen. Für ein Kilo Schweinefleisch müssen gut dreieinhalb Kilo eiweißreiches Mastfutter aufgewendet werden. Bei Hähnchen, deutlich bessere Verwerter, beträgt dieses Verhältnis immer noch mehr als 1:2. Das ganze Soja oder Getreide ließe sich natürlich auch direkt für die menschliche Ernährung einsetzen. Damit käme man der endgültigen Beseitigung des Hungers (SDG 2) einen enormen Schritt näher. Ohne Trendwende jedoch droht die weitere Umwandlung von Naturland zu Äckern und Plantagen. Die wachsende Weltbevölkerung muss schließlich ernährt werden. Kleinbäuerliche Betriebe spielen für die Lebensmittelversorgung eine oft unterschätzte Rolle. Sie stellen heute mehr als die Hälfte des globalen Bedarfs zur Verfügung und sind vielerorts für den Erhalt abwechslungsreicher Kulturlandschaften mitsamt deren Biodiversität verantwortlich.

Viele Errungenschaften im Kampf gegen den Hunger haben sich leider als janusköpfig erwiesen. Die industrielle Stickstoffgewinnung nach dem Haber-Bosch-Verfahren öffnete der weitverbreiteten Überdüngung Tür und Tor; Pestizide töten weit mehr, als sie sollten; die Intensivierung der Landwirtschaft treibt Erosion und Bodenverödung voran.

Der Klimawandel bedroht derweil die Gewinne. Seit 1960 ist die landwirtschaftliche Produktion global um 2,2 Prozent pro Jahr gewachsen, in den Entwicklungsstaaten waren es sogar 3,7 Prozent jährlich. Nun scheint ein Rückgang bevorzustehen. Unter Berücksichtigung von Dürren und anderen widrigen Einflüssen zeigen Prognosen bis 2050 weltweite Ertragseinbußen von einem Prozent pro Jahrzehnt an. In Afrika und Asien indes dürfte der Schwund bei den wichtigsten Feldfrüchten mindestens 8 Prozent betragen – angesichts des Bevölkerungswachstums just dort eine extrem beunruhigende Perspektive.

Dass menschliche Gesundheit und Wohlbefinden (SDG 3) von einer intakten Umwelt profitieren, steht längst außer Frage. So werden mehr als drei Viertel der Durchfallerkrankungen, der zweitwichtigsten Todesursache für Kinder unter fünf, durch verschmutztes Trinkwasser und mangelnde sanitäre Einrichtungen verursacht. Beide Faktoren zusammen sind jährlich für den Verlust von etwa 1,7 Millionen Menschenleben verantwortlich. 2017 wies ein internationales Forscherteam die Bedeutung von Wäldern für die Vermeidung von Diarrhoe in Entwicklungsländern nach. Je mehr Bäume es demnach stromaufwärts eines bestimmten Flusssystems gibt, desto weniger Kinder leiden in seinem Einzugsgebiet unter gefährlichem Durchfall[10]. Bisher wenig erforscht wurden dagegen die Wechselwirkungen zwischen Natur und Psyche. Fachleute verwenden inzwischen den Begriff »Solastalgia«, um Trauer über Umweltschäden wie die Zerstörung einer vertrauten Landschaft zu beschreiben. Die Betroffenen verlieren einen Teil ihrer Heimat, Bezugspunkte für persönliche Erinnerungen oder schlicht ein Stück Schönheit im Alltag. Für gar nicht wenige von uns kann die Rodung eines Waldes für den Bau einer Autobahn genauso schmerzlich sein wie der Brand von Notre Dame in Paris.

Die Urbanisierung wird in den kommenden Jahrzehnten weiter zunehmen, viele Metropolen dieser Welt platzen aber jetzt schon aus ihren Nähten. Städte mit einem Fokus auf Nachhaltigkeit umzugestalten, ist somit eine entscheidende Zukunftsaufgabe (SDG 11). Dazu gehört auch, was zunächst wie ein Paradox klingt: die Förderung der Biodiversität in Ballungsräumen. Zum Teil können Mensch und Natur nämlich sehr gut auf engstem Raum koexistieren.

Leoparden in Mumbai
Im Jahr 2017 wurde bekannt, dass Mumbai, die zweitgrößte Stadt Indiens, nicht nur über 23 Millionen menschliche Einwohner, sondern auch gut drei Dutzend Leoparden beherbergt. Ursprünglich lebten die Raubkatzen im Sanjay-Gandhi-Nationalpark, einem geschützten Wald in den nördlichen Randbezirken. Die wuchernde Stadt hat den Park praktisch komplett eingeschlossen, doch die Leoparden stört dies offenbar nicht – eher im Gegenteil. Wenn es Nacht wird, zieht es die gefleckten Samtpfoten in die angrenzenden Viertel. Sie gehen auf die Jagd. Völlig lautlos und normalerweise unbemerkt schleichen die Großkatzen durch Gassen und Grünanlagen, wo es reichlich Beute gibt. Die Hintergründe dieses Phänomens sind ein Lehrstück in Sachen Ökologie. In Mumbai gibt es geschätzt rund 96.000 Straßenhunde, die größte herrenlose Population der Welt. Dazu kommen Tausende verwilderte Schweine, Hühner und natürlich zahllose Nager. Die Hunde profitieren von Müll und Aas, welches vor allem im Umfeld der Slums anfällt. Einst wurden die Tierkadaver hauptsächlich von Geiern gefressen. Deren Bestand ist jedoch in den vergangenen 20 Jahren durch die Verwendung von Diclofenac zur Behandlung von krankem Vieh zusammengebrochen. Die Vögel starben an Nierenversagen.

Des einen Tod, des anderen Brot. Das Aas ernährt viele Hunde, und dank ihrer wiederum ist der Tisch für Mumbais Leoparden üppig gedeckt. Dementsprechend leben im Sanjay-Gandhi-Nationalpark auf die Fläche gerechnet gut doppelt so viele von ihnen wie in afrikanischen Savannengebieten. Das Nahrungsangebot macht's. Kotanalysen zufolge ernähren sich die Vorstadtleoparden zu etwa 50 Prozent von Straßenbellos, hin und wieder erwischt es auch mal einen unbeaufsichtigten Familienhund. Konflikte mit den zweibeinigen Bewohnern bleiben allerdings begrenzt. Gewiss, es gibt Angriffe auf Menschen, mitunter auch Todesopfer. Angesichts der Nähe zwischen Großkatzen und Städtern ist ihre Zahl jedoch erstaunlich gering. Ein bis zwei Attacken verzeichnen die Behörden im Schnitt pro Jahr, 2017 waren es aus unbekannten Gründen sieben. Anwohner sahen die Ursache im explosiven Lärm von Militärübungen auf einem Gelände an der Ostgrenze des Nationalparks. Die oft arme und zum Teil illegal siedelnde Bevölkerung in den Randzonen hat ein ambivalentes Verhältnis zu ihren wilden Nachbarn. Die meisten dieser Menschen gehören zum indigenen Volk der Warli, deren Kultur stark animistisch, sprich von Naturreligion geprägt ist. Sie respektieren den Leoparden und wollen ihn keinesfalls vertreiben, aber ihre Kinder soll er natürlich in Ruhe lassen.

Gefahr droht gleichwohl nicht nur vonseiten der Samtpfoten. Gerade die Straßenhunde erweisen sich immer wieder als unberechenbar und aggressiv. Knapp 75.000 Hundebisse werden jährlich in Mumbai amtlich erfasst, die Dunkelziffer dürfte erheblich sein. Und jede dieser Attacken beinhaltet das Risiko einer Tollwut-Infektion. Diese Seuche ist in Indien alljährlich für rund 20.000 Todesfälle verantwortlich. Mumbais herrenlose Hunde bevorzugen die Armenviertel, wo es meist mehr zu fressen gibt als in den wohlhabenderen Gegenden. In den Slums am Parkrand leben trotzdem nur 17 Hunde pro Quadratkilometer, während in vergleichbaren innerstädtischen Arealen bis zu 688 Vierbeiner auf derselben Fläche herumstreifen. Die Leoparden machen den Unterschied. Circa 1.500 Hunde dürften die Großkatzen pro Jahr erbeuten, mehr Streuner als eigentlich in dem Randgebiet leben. Der Hundebestand bleibt anscheinend nur durch Nachzug aus den inneren Stadtbezirken bestehen. Für die menschlichen Parkanwohner ist das ein Vorteil. Ihr Risiko, von einem potenziell tollwütigen Hund gebissen zu werden, ist zehnmal geringer als anderswo in Mumbai. Laut einer 2018 veröffentlichten Studie[11] könnten die Leoparden so jährlich bis zu 90 Menschenleben retten – zumindest rechnerisch.

Die gefleckten Jäger sind nicht die einzigen Wildtiere, die Stadtluft zu schätzen wissen. Zürich beherbergt seit Jahrzehnten zahlreiche Füchse. Rund 1.000 Rotpelze leben dort zum Teil mitten in den Wohnvierteln und bilden mittlerweile eine genetisch eigenständige Population. Auch in anderen europäischen Metropolen hat Meister Reinecke schon Fuß gefasst. Berlin ist derweil zur Hauptstadt der Wildschweine geworden. Hier sind einige Tausend Schwarzkittel vor allem in den Stadtwäldern unterwegs. Mit einer ganz außergewöhnlichen Erfolgsgeschichte kann die schnellste Tierart der Welt aufwarten: der Wanderfalke. Die früher in weiten Teilen Europas vom Aussterben bedrohten Greifvögel nisten heute in vielen Großstädten. Am häufigsten kommen die Kosmopoliten in New York und London vor, wo sie zwischen Wolkenkratzern Tauben schlagen und ihre Jungen in schwindelerregenden Höhen aufziehen. Urbanisierung ist offensichtlich kein rein menschlicher Trend mehr. In der Stadt locken oft bessere Lebensbedingungen als auf dem Land – das gilt leider auch für immer mehr Tiere.

Fehlende oder eingeschränkte Verfolgung ist ein wesentlicher Faktor. Städtische Wanderfalken zum Beispiel brauchen keine beuteneidischen Jäger zu fürchten. Auch menschliche Nesträuber, angetrieben von den hohen Schwarzmarktpreisen für wildgeborene Jungvögel, trauen sich fast nie die Fassaden und Türme hinauf. Am meisten indes scheint eine andere Gruppe fliegender Zuzügler zu profitieren. Circa 560 verschiedene Wildbienenspezies sind allein in Deutschland heimisch, rund 300 davon stehen auf der Roten Liste. Ein Großteil dieser gefährdeten Arten wurde bereits in Städten und Siedlungen nachgewiesen. Aus ökologischer Sicht ist das kein Wunder. Während den Wildbienen im ländlichen Raum mit seinen strukturell verarmten Agrarsteppen zunehmend die Nistmöglichkeiten und Futterpflanzen fehlen, ist in den Kommunen das Umweltbewusstsein gewachsen. Bürger und Gemeinden verzichten weitgehend auf Pestizide; »bienenfreundliche« Flächen werden eingerichtet; in Grünanlagen, Gärten und auf den Balkonen blüht mehr Vielfalt. Diese kleinen Ansätze entfalten messbar Wirkung. Städte können zwar keine Naturschutzgebiete ersetzen, aber als Refugien für viele Tiere und Pflanzen taugen sie durchaus. Die Menschen profitieren ebenfalls. Bäume und Hecken verringern, je nach Dichte und Lage, die Feinstaubbelastung von Stadtluft um bis zu 50 Prozent. Und wer freut sich nicht über den abendlichen Gesang einer Amsel auf Nachbars Dach?

Dritte Gruppe: Lebensqualität
Die dritte Kategorie der SDG überschreiben die IPBES-Experten mit dem Begriff »Lebensqualität«. Gute Bildung (SDG 4) ist die Basis für persönliche Entfaltung, und ohne Grundwissen über ökologische Zusammenhänge wird eine nachhaltige Entwicklung kaum zu bewerkstelligen sein. Wie bereits erwähnt, fehlt es dafür allerdings an Finanzmitteln. Ein

noch trüberes Bild bietet sich im Bereich Gleichberechtigung (SDG 5). Die vielerorts weiterhin grassierende Benachteiligung von Frauen – bis hin zu offener Unterdrückung – führt nachweislich zu Überbevölkerung und mehr Armut. So haben Frauen nur in etwas über einem Drittel der Staaten gleiche Landnutzungsrechte, in manchen Ländern dagegen ist ihnen Bodenbesitz sogar explizit untersagt. Man bedenke: Dies ist das 21. Jahrhundert, nicht das Mittelalter. Ungleichheit allgemein zu reduzieren (SDG 10), gelingt auch nur zögerlich. Die Armen indes leiden überdurchschnittlich schwer unter Umweltschäden und den Folgen des Klimawandels. Mehrere Untersuchungen haben zudem negative Auswirkungen von Ungleichheit auf die Natur nachgewiesen. Wer am Hungertuch nagt, neigt nicht unbedingt zu Artenschutz. Raubfischerei und Wilderei sind nur zwei der diversen Folgen.

Die Förderung von Frieden, Gerechtigkeit und starken Institutionen (SDG 16) spielt für den Erhalt unseres Planeten eine weitere wesentliche Rolle. Krieg ist ein gewaltiger Umweltzerstörer. Rund 80 Prozent aller bewaffneten Konflikte seit dem Zweiten Weltkrieg fanden in Biodiversitäts-Hotspots statt. Vietnam hat heute noch mit den Folgen der Entlaubungskampagnen, Stichwort »Agent Orange«, durch die US-Armee zu kämpfen. Häufig unterschätzt wird die Bedeutung von Rohstoffen beim Anheizen von kriegerischen Auseinandersetzungen. Rund 40 Prozent der Bürgerkriege in den letzten 60 Jahren standen direkt oder indirekt in Verbindung mit Naturressourcen. Die kambodschanischen »Rote Khmer«-Guerillas finanzierten sich durch den illegalen Handel mit Tropenholz und Edelsteinen, in Somalia treibt die von ausländischen Schiffen betriebene Überfischung die lokale Bevölkerung in die Piraterie. Ein wachsendes Konfliktpotenzial zieht seit einigen Jahren durch *land grabbing* herauf,

111

die in vielen Entwicklungsländern geradezu endemische Korruption befeuert die Landnahme. Schwache Justiz und mangelnde staatliche Kontrolle begünstigen auch den illegalen Tierhandel. Dessen globaler Umsatz wird auf 5 bis 20 Milliarden US-Dollar jährlich geschätzt. Elefant, Tiger & Co. zahlen den Preis.

Vierte Gruppe: Treiber

In der vierten und letzten Gruppe fasst der IPBES-Bericht Treiber zusammen. Die Versorgung mit bezahlbarer und sauberer Energie (SDG 7) ist zweifellos eine der schwierigsten Zukunftsherausforderungen. Fossile Brennstoffe müssen schnellstmöglich ersetzt werden, die Alternativen jedoch – siehe Wasserkraft – können auch erhebliche Umweltprobleme verursachen. SDG 8, menschenwürdige Arbeit und Wirtschaftswachstum, birgt vermutlich das größte Dilemma: Wie soll es ein »Mehr« geben, wenn die Ressourcen begrenzt sind? Muss Wachstum in den Entwicklungsstaaten zum Schutz der Erde nicht zwangsläufig auf Umverteilung aus den reichen Ländern beruhen? Die Antworten stehen noch in den Sternen. Naturzerstörung und untragbare Arbeitsbedingungen gehen derweil gerne Hand in Hand. An Bord illegal operierender Fischereischiffe zum Beispiel herrscht nicht selten de facto Sklaverei. Für den Bereich Industrie, Innovation und Infrastruktur (SDG 9) gilt Ähnliches wie für die beiden vorangegangenen Themen. Der Ausbau kann enorme Schäden bewirken oder, bei Neuorientierung, einen entscheidenden Beitrag zu mehr Nachhaltigkeit leisten. Auf das »Wie« kommt es an. Im Ergebnis sollten verantwortungsvoller Konsum und Produktion (SDG 12) entstehen. Dieses Ziel wiederum mit SDG 8 in Einklang zu bringen, dürfte eine wahre Herkulesaufgabe sein. Womöglich ist sie sogar die wichtigste unserer Zeit.

Weitere Abkommen

Es gibt weltweit noch über 150 weitere, multilaterale Vereinbarungen mit Bezug zu Umweltschutz und Biodiversität. Sechs davon haben globale Reichweite. Die *Convention on the Conservation of Migratory Species of Wild Animals* (Konvention zum Schutz wandernder wild lebender Tierarten), kurz CMS, ist seit 1983 in Kraft und kann nur sehr bescheidene Ergebnisse vorweisen. So haben unter anderem mehr als die Hälfte aller Zugvogelspezies auf Erden in den vergangenen 30 Jahren Populationsverluste erlitten. Kaum besser sieht die Erfolgsbilanz der CITES, sprich der *Convention on International Trade in Endangered Species of Wild Fauna and Flora* (Konvention zum internationalen Handel mit bedrohten Arten wild lebender Fauna und Flora) aus. Handelsverbote oder -regulierungen konnten den Schutz einiger Spezies verbessern, darunter der südamerikanische Riesenotter (*Pteronura brasiliensis*), der Orangehaubenkakadu (*Cacatua sulphurea citrinocristata*) sowie mehrere Krokodil-Arten. Verstöße gegen die CITES-Regeln sind allerdings häufig, und der illegale Handel blüht eh weiter.

Die 1971 begründete *Ramsar Convention on Wetlands* soll den Schutz und die schonende Nutzung von Feuchtgebieten gewährleisten. Sie wurde von 170 Nationen unterzeichnet. Trotzdem sind allein im Zeitraum von 1990 bis 2006 in Europa fast 5 Prozent der noch vorhandenen Sümpfe und Moore verschwunden. Ostasien verliert jährlich sogar 1,6 Prozent seiner Feuchtbiotope. An den Küsten des Chinesischen Meeres wurden in den vergangenen 50 Jahren knapp zwei Drittel aller Wattflächen und andere gezeitengeprägte Lebensräume trockengelegt oder überbaut. Rund die Hälfte der Vertragsstaaten hat bisher noch nicht einmal eine vollständige Bestandsaufnahme ihrer Feuchtgebiete vorlegen können.

Der Quasi-Gegenpol zu Ramsar ist die *United Nations Convention to Combat Desertification* (UNCCD – Konvention der Vereinten Nationen zur Bekämpfung der Desertifikation), welche den wachsenden Wüsten Einhalt gebieten soll. Global betrifft dieses Problem rund 1,5 Milliarden Menschen, circa 50 Millionen von ihnen könnte die vorrückende Verödung bereits in den kommenden zehn Jahren vertreiben. In manchen Regionen wie der Sahel und Südafrika konnte die Desertifikation offenbar gestoppt werden, durch den Klimawandel jedoch dürfte sich die Dürresituation vielerorts verschärfen. Im schlimmsten Fall leidet Ende des 21. Jahrhunderts die Hälfte aller Landflächen unter chronischem Wassermangel.

Das »Welterbe« der Menschheit zu bewahren, ist Aufgabe der WHC (*World Heritage Convention*), ihr Regelwerk das vielseitigste internationale Instrument für den Schutz von Kultur- und Naturschätzen. Von den gut 1.100 gelisteten Erbgütern sind 213 (Stand April 2020) reines Naturerbe. Das Wattenmeer gehört dazu, das Great Barrier Reef und selbstverständlich auch die Galapagosinseln. Leider schweben 16 dieser Lebensräume in akuter Gefahr, darunter die Regenwälder Sumatras und der berühmte Everglades-Nationalpark in Florida. Nur knapp die Hälfte allen Welterbes gilt als gut geschützt. Ein weiteres Manko ist die geringe Repräsentanz ganzer Biome wie zum Beispiel die tropischen Trockenwälder.

Den Schutz der Pflanzenwelt als Lebensgrundlage der menschlichen Weltbevölkerung hat sich die IPPC (*International Plant Protection Convention*) zum Ziel gesetzt. Ihr Hauptaugenmerk gilt den Schädlingen, und auch ihre Erfolgsbilanz ist eher bescheiden. Trotz vielerlei technischer Fortschritte und massivem Gifteinsatz haben sich die Ernteverluste durch hungrige Insekten, Pilze und dergleichen in den vergangenen 40 Jahren nicht wesentlich verringert. Die

Ursache liegt wieder im System. Einerseits werden durch die globale Gütermobilität ehemals nur regional auftretende Schädlinge rund um die Erde verbreitet, zum anderen schafft der Trend zu Monokulturen Idealbedingungen für Plagen. In strukturarmen, von Ackerflächen dominierten Landschaften ist der Widerstand gegen Schädlinge um fast die Hälfte herabgesetzt. Die Verheerer haben in solchen »grünen Wüsten« viel zu wenig natürliche Feinde. Ergo wird noch mehr gespritzt. Eine weltweite Analyse[12] zeigte in mehr als 52 Prozent der untersuchten Gewässer Pestizidbelastungen jenseits der vorgeschriebenen Grenzwerte auf. Die schleichende Verseuchung ist heute eher Regel als Ausnahme.

Das Resümee der internationalen Bemühungen und Vereinbarungen lässt keinen Platz für Illusionen. Wir kommen nicht wirklich voran, müssen an entscheidenden Stellen sogar Rückschläge einstecken. Vereinzelte Lichtblicke wie die Erfolge der *Convention for the Conservation for Antarctic Marine Living Resources* (CCAMLR), welche den äußerst sensiblen Meeresökosystemen der Südpolregion bis dato einiges an Schäden ersparen konnte, werden auf Dauer kaum ins Gewicht fallen.

> Es droht ein Komplettversagen. Das hohe und dennoch unabdingbare Ziel einer würdigen Existenz für alle Menschen, auch die zukünftigen Kinder, ist in einer zunehmend zerstörten Umwelt nicht zu erreichen.

Dementsprechend wären auch die *Sustainable Development Goals* zum Scheitern verurteilt. Bisher Errungenes wie die Reduzierung von Hunger, Armut und Kindersterblichkeit ginge wieder verloren. Das Wissen um die Gefahren ist schon da, sonst würden die allermeisten Staaten dieser Welt wohl kaum die besagten Verträge unterzeichnen. Warum also gelingt deren Umsetzung nicht?

Die IPBES-Autoren sehen mangelnden Willen als einen der Hauptgründe für das Versagen – was erneut eine Frage von Normen und Werten ist. Viele Entscheidungsträger nehmen die Probleme schlichtweg nicht ernst, setzen falsche, kurzfristige Prioritäten. Weiterführende Entwicklungen werden häufig ignoriert. Ein zweiter wichtiger Hemmschuh könnte die Komplexität der Vertragsziele und deren Formulierung sein. Die Vorgaben seien zum Teil nicht konkret genug, mögliche Fortschritte oft nur schwer in exakte Zahlen zu fassen. Gerade in Sachen Biodiversität fehlt es häufig an Daten, denn Ökologie und Taxonomie, sprich die Erforschung der Artenvielfalt, sind noch immer chronisch unterfinanziert. Man sollte sich allerdings nichts vormachen:

Die wirklichen Ursachen für den desolaten Zustand unserer Erde liegen in unseren Köpfen. Das Denken muss die Richtung wechseln.

Noch gibt es die allermeisten Spezies, noch funktionieren die Ökosysteme, noch pulsiert überall auf dem Globus tagtäglich das Leben. Höchste Zeit, sich einzuklinken.

KAPITEL 3

Möglichkeiten

Costa Rica trotzt dem Trend

Gegen fünf Uhr trifft endlich der Regen ein. Den ganzen Nachmittag über haben sich an der Küste die Wolkenmassen gesammelt, doch sie kamen kaum näher. Stattdessen wuchs eine blickfüllende Wand, düster drohend in unzähligen Grautönen. Im Garten der Tropenstation und dem angrenzenden Wald ist es derweil immer leiser geworden. Ein Aguti huscht durchs Unterholz, weiter oben in den Baumkronen lässt ein Tukan sein typisches Krächzen ertönen. Sekunden später wird der Vogelruf von einer gewaltigen Donnersalve verschluckt. Die Luft bebt, bis in die eigenen Lungen hinein.

Jetzt.

Der Himmel bricht. Tausende Tonnen Wasser rauschen schlagartig über die Landschaft hinweg, alles und jeden sofort einhüllend. Mehr Donner. Sämtliche anderen Geräusche sind bereits ertrunken. Die Pfützen werfen Blasen, Blätter speien; sogar die Äste scheinen sich zu verflüssigen. Am

Körper ist kein Faden mehr trocken. Man könnte nach drinnen eilen, muss man aber nicht. Der Regen hat etwas Magisches. Seine überwältigende Kraft lässt einen die eigene Nichtigkeit spüren und gleichzeitig eine tiefe Verbundenheit erahnen. Der Regen war schon immer da, auch vor der Geburt des Lebens. Unverändert ging er später auf Urzeitwälder, Dinosaurier und die ersten Menschen nieder. Wie eine Botschaft aus der Ewigkeit: Es wird weitergehen – zumindest solange die Sonne uns wärmt.

Den Fröschen sind solche Deutungen natürlich völlig schnuppe. Als sich das Gewitter bei Einbruch der Dunkelheit legt, erhebt ihre Schar die Stimmen. Zeit zu balzen.

52 verschiedene Amphibienarten haben Zoologen hier in den Hügeln am Golfo Dulce im Süden von Costa Rica erfasst. Dazu kommen 362 Vogel-, 93 Reptilien- sowie 124 Säugerspezies. Beim wirbellosen Getier konnte noch niemand genau nachzählen. Mehr Biodiversität geht fast nicht.

Das Hauptinteresse des Botanikers Anton Weissenhofer gilt gleichwohl den Pflanzen. Die sind mit ungefähr 3.000 Arten in der Region vertreten, erklärt er. Und er muss es wissen. Weissenhofer arbeitet seit knapp 30 Jahren in Costa Rica. 1993 gründete er zusammen mit seinem Kollegen Werner Huber die Tropenstation La Gamba, eine Forschungseinrichtung der Universität Wien, gelegen am Rande des Nationalparks Piedras Blancas. Hier können Gelehrte und Studierende die Wunder des Regenwaldes in direktem Kontakt mit dem Lebensraum erkunden. Ein idealer Ort für Grundlagenforschung.

Heute Abend jedoch sitzt Weissenhofer auf der Veranda eines der Stationshäuser und erzählt von einem sehr praxisorientierten Programm. Denn Costa Rica trotzt dem Trend. Mögen anderswo in der Welt die Tropenwälder schwinden – in diesem kleinen mittelamerikanischen Staat wachsen sie von Neuem. Die costa-ricanische Regierung setzt konsequent auf Nachhaltigkeit und Wiederbewaldung. Gut ein Viertel der Landesfläche wurde zu Schutzgebieten erklärt. Mit diversen gezielten Vorhaben soll der Dschungel nicht nur bewahrt, sondern auch in seiner Ausbreitung gefördert werden. Anton Weissenhofer und seine Mitstreiter spielen dabei eine wesentliche Rolle. Die Wissenschaftler entwickeln eine Renaturierungsstrategie für zerstörte Regenwaldareale. Man betreibe keine klassische Wiederaufforstung, wie Weissenhofer ausdrücklich betont. Es gehe nicht darum, möglichst schnell viele Bäume wachsen zu lassen. Ihr Ziel sei es vielmehr, das ursprüngliche Ökosystem mitsamt seiner ganzen Vielfalt zu rekonstruieren. Wildnis aus Menschenhand, sozusagen.

Fachleute hielten dies lange für unmöglich. Das ökologische Geflecht eines tropischen Regenwaldes galt ihnen als zu komplex, und tatsächlich können viele Dschungel-Spezies nur in Verbänden existieren. Verschwindet eine, verlieren gleich mehrere ihre Lebensgrundlage. Mit fortschreitender Zerstörung setzt ein Kaskaden-Effekt ein. Irgendwann fällt dann das ganze Netzwerk in sich zusammen.

In Costa Rica war es allerdings noch nicht so weit. Trotz der vielerorts gravierenden Abholzung konnten fast alle Arten in Refugien überleben. Das Regenerationspotenzial blieb somit erhalten. Anton Weissenhofer und seine Kollegen erkannten dies. Sie begannen zunächst, die Flora der Golfo-Dulce-Region zu katalogisieren. Keine einfache Aufgabe. Allein an Gehölzen fanden die Experten rund 600 verschiedene Spezies. 100 davon wählten sie als Grundstock für ihre Wiederbewaldungsprojekte aus. Um Erfolg zu haben, muss man genau wissen, welche Baumart unter welchen Bedingungen gedeiht, erklärt Weissenhofer. *Ceiba pentandra* zum Beispiel, der Kapokbaum, sei sehr eng »eingenischt« – ein sogenannter Übersteher. Bis zu 75 Meter hoch werden diese Riesengewächse.

Ein Großteil der für die Pflanzungen erforderlichen Setzlinge zieht das La-Gamba-Team in der stationseigenen Baumschule auf. »Es war nicht so einfach, ordentliches Samenmaterial zu bekommen«, erklärt Weissenhofer. Gesammelt wird meistens im Wald, doch manche Arten wie der wertvolle Purpurholzbaum (*Peltogyne purpurea*) sind leider ziemlich rar geworden. Viele von ihnen fielen den, oft illegal operierenden, Holzfällern zum Opfer.

Inzwischen pflanzt das Team solche Bäume auch gezielt auf natürlich regenerierenden Flächen – den Sekundärwäldern. Sonst, verdeutlicht Weissenhofer, kämen sie dort nicht wieder hoch. Diese »Artanreicherung« bedeutet eine direkte Förderung der Biodiversität. Erfreulicherweise haben sich auch die Bestände des Purpurholzbaumes in den letzten Jahrzehnten etwas erholt.

Weissenhofers Begeisterung ist ansteckend. Er erzählt vom Ozelot, einer mittelgroßen Raubkatze, die bereits auf einer der Wiederbewaldungsflächen gesichtet wurde, und dem majestätischen Königsgeier, zoologisch *Sarcoramphus papa*, der seine Nester auf hohen Baumstümpfen oder am Boden unter Stachelpalmen baut.

Währenddessen lassen draußen in der Dunkelheit die Frösche unermüdlich ihren Choral ertönen. Der ganze Wald vibriert vor Leben. Tiere sind auch für das Renaturierungskonzept äußerst wichtig, sagt Weissenhofer. »Damit das Ökosystem in Schwung kommt.« Ein Teil der gepflanzten Baumarten ist deshalb fruchttragend und soll Vögel anlocken. Die wiederum scheiden mit ihrem Kot unverdauten Samen aus, was zusätzliche Pflanzenspezies auf das Gelände bringt.

Ein eher schwieriges Verhältnis haben die Botaniker dagegen zu den Blattschneiderameisen. Selbstverständlich sind auch sie Teil des ökologischen Gefüges, aber sie können die kostbaren Setzlinge in kürzester Zeit komplett entlauben. Also braucht es eine Abwehr.

Die Waldarchitekten haben dazu eine geradezu geniale biologische Bekämpfungsmethode erfunden. Blattschneiderameisen züchten für ihre Ernährung spezielle Schimmelpilze. Letztere gedeihen in eigens dafür eingerichteten Kammern in den bis zu fünf Meter tiefen Erdnestern. Sämtlichen Abfall indes tragen die Ameisen zu außerhalb gelegenen Deponien. Diese Aufgabe erledigen stets alte Arbeiterinnen, die nicht mehr mit der Pilzzucht in Kontakt kommen. Schüttet man nun den deponierten Müll auf die Zugangswege der Blatt-Ernterinnen, wird der Rohstoff für die Pilzproduktion mit Krankheitserregern kontaminiert. Das grenzt die Ameisenkolonie ein oder setzt sie gar gänzlich außer Gefecht. Und die jungen Bäumchen können wachsen.

Die Renaturierung funktioniert. Gut 73 Hektar, Stand Frühling 2021, hat das La-Gamba-Team inzwischen neu bepflanzt. Das mag noch nicht sehr viel sein, doch die Machbarkeit wurde so unter Beweis gestellt und der Ansatz weiter verfeinert. Die erste kleine Testfläche, mittlerweile über 15 Jahre alt, liegt am Ende des Seitentals von La Bolsa und ist für Laien nicht mehr vom ursprünglichen Dschungel zu unterscheiden. Experten schätzen, dass es rund 100 Jahre dauern wird, bis die gesamte Biodiversität zurückgekehrt ist – ein aus ökologischer Sicht eher kurzer Zeitraum.

Welche Dynamik die Regenwaldregeneration allerdings schon zu Beginn entfaltet, lässt sich bei Tag eine knappe Viertelstunde mit dem Fahrrad von der Tropenstation entfernt auf der *Finca Amable* bestaunen. »Dies war vorher Agrarland«, berichtet Anton Weissenhofer. »Zuerst Bananenplantage, danach Reisfeld und zum Schluss Weide.« 2012 wurde die Farm mit Spendengeldern aufgekauft. Die

Startbedingungen konnten kaum schwieriger sein. Der Untergrund war komplett vernässt. »Wir mussten Drainagegräben ziehen, um das Gelände zu entwässern.« Abgesehen davon war von der natürlichen Samenbank, die normalerweise im Erdreich schlummert und den Wiederbewuchs unterstützen kann, nichts mehr vorhanden. Die Botaniker gingen deshalb aufs Ganze. Sie setzten ihr gesamtes Artenarsenal ein, pflanzten 11.500 Setzlinge und beobachteten ganz genau, was daraufhin geschah.

Beim Rundgang über das Terrain fallen dem Besucher schnell ein paar ungewöhnlich hohe Bäume auf. Sie ragen mehr als 20 Meter über dem Boden empor und stehen auf massiven Stämmen. Sind das etwa Überlebende früherer Zeiten, ehemalige Schattenbäume für das Vieh vielleicht? Nein, antwortet Weissenhofer. Auch diese Prachtexemplare wurden gepflanzt. Die stolzen Gewächse gehören zur Gattung *Inga* und zeichnen sich durch extrem kräftigen Wuchs aus. Nach nur wenigen Jahren erreichen sie über einen Meter Stammumfang. Im Wiederbewaldungsprogramm nehmen solche Turbo-Gehölze eine Schlüsselposition ein. Zum einen locken sie Vögel an, zum anderen sorgen sie für eine rasche Beschattung des Bodens. Letzteres hilft vor allem im Konkurrenzkampf mit anderen Pflanzen, wie Weissenhofer erläutert. »Man arbeitet ja gegen das Gras.« Rankende Lianen sind ebenfalls ein Problem. Wucherndes Grün raubt dem Baumnachwuchs das lebensnotwendige Licht, weshalb die Setzlinge mindestens drei Jahre lang regelmäßig freigeschnitten werden müssen. Danach ist die Schlacht meistens entschieden. Die Verluste halten sich in Grenzen. Nur 10 bis 15 Prozent der Bäumchen kommen nicht durch, sagt Weissenhofer.

Einigen schnellwüchsigen Pionieren wie der Balsa ist trotzdem kein langes Leben beschieden. Auf der *Finca Amable* sterben die ersten von ihnen bereits ab, was die Renaturierungsexperten aber keinesfalls bedauern. Die Verblichenen liefern das ökologisch äußerst wertvolle Totholz, welches unzähligen Insekten und anderen Wirbellosen Nahrung und Bleibe bietet. Das erfreut unter anderem die einfliegenden Spechte. Mehr Leben, mehr Reichtum – mit jeder Spezies kehrt auch ein Stückchen Dschungel zurück.

Einen kleinen Teil der *Finca Amable* haben die Forscher nicht bepflanzt. Diese Fläche dient dem Team als Referenz und Erfolgskontrolle. So sähe das Gelände aus, wenn es sich selbst überlassen wäre. Gestrüpp eben. Der Rest des Terrains wirkt wie ein verwunschener Waldpark. An einer schlammigen Stelle sind Hufabdrücke zu sehen. Sie stammen von Pekaris, einer Wildschwein-Art, erklärt Anton Weissenhofer.

Gut hundert Meter weiter trifft der Pfad auf den Río Bonito, dessen Ufer Liliendickicht säumt. Weissenhofer zeigt auf die weißen Blüten. Das ist *Hedychium coronarium*, erzählt er, eine aus Asien eingeschleppte und mittlerweile naturalisierte Spezies. Die essbaren Blumen schmecken angenehm frisch nach Ingwer. Bei den hiesigen Bauern sind die fernöstlichen Pflanzen durchaus beliebt, weil sie die Erosion am Flussufer einzudämmen helfen. Der Río Bonito markiert an diesem Abschnitt übrigens auch die Grenze des Nationalparks. Auf der anderen Seite türmen sich Urwaldriesen gen Himmel. Die *Finca Amable* hat direkten Anschluss an das intakte Ökosystem, was der Regeneration natürlich sehr zugutekommt.

Weissenhofer und seine Kollegen können stolz sein. Ihr Werk leistet praktischen Naturschutz und lässt zudem das enorme Potenzial von Wiederbewaldung erahnen. Der Ansatz funktioniert mit Sicherheit nicht nur in Costa Rica.

Fast überall in den Tropen gibt es Zehntausende Quadratkilometer zerstörtes Land, auf denen einst Regenwald wuchs.

Diese Flächen werden teilweise nicht mal bewirtschaftet, stünden also sofort für eine Renaturierung zur Verfügung. Und die Kosten sind durchaus moderat. In La Gamba schlägt ein einzelner Setzling mit rund 18 Euro zu Buche, ein Hektar Neuwald benötigt circa 10.000 bis 12.000 Euro an Finanzmitteln – ohne den Kaufpreis für das Land.

Das Konzept dürfte auch für andere Waldtypen anwendbar sein. Es kommt im Prinzip nur darauf an, die lokalen Bedingungen vorher präzise zu studieren und die Bepflanzung dementsprechend zu planen. Wasser, Boden und Lage sind entscheidend, sagt Anton Weissenhofer. Die vielen Kleinökosysteme müsse man ebenfalls berücksichtigen. Das ist aufwendig, gewiss, aber kein Hexenwerk. Das Ergebnis wäre nicht nur die Sicherung der Biodiversität, sondern auch die Bindung von zunehmenden Mengen Kohlenstoff zugunsten des Klimaschutzes. Ein doppelter Gewinn für die ganze Welt.

Einen Kurs für die Zukunft setzen

La Gamba macht Mut. Projekte wie dieses zeigen eine Vision auf – jene, dass der Mensch auch anders kann. *Future Earth*, eine internationale Expertengruppe, nennt sie *Seeds of a Good Anthropocene*, die Saat eines guten Anthropozäns. Es sind konkrete Initiativen, die einen neuen Kurs weisen.

> Den ganzen trüben Aussichten zum Trotz ist das Versagen nämlich nicht unausweichlich und eine positive Zukunft möglich,

betonen auch die IPBES-Autoren. Nur: Wie gelangen wir dorthin? Global gesehen entfalten fast alle sozioökonomischen Systeme ein erhebliches Zerstörungspotenzial, einfache Korrekturen werden deshalb kaum ausreichen. Der Wechsel hin zur Nachhaltigkeit müsse tief greifend, systemisch, strategisch und reflexiv sein, schreibt das IPBES-Team. Das heißt: Gesellschaft und Wirtschaft brauchen eine umfassende, wohldurchdachte Sanierung. Eine Art Königsweg, so meinen die Experten, wird es allerdings nicht geben. Je nach vorherrschenden Bedingungen werde der Wandel an unterschiedlichen Orten unterschiedlich verlaufen. Hilfreich wäre jedoch ein konzeptueller Rahmen, der Ansätze, Perspektiven und wissenschaftliche Grundlagen zusammenbringt. Genau so einen schlägt IPBES in seinem Bericht vor.

Grau ist bekanntlich alle Theorie, und trocken auch, aber es geht nun mal nicht ohne. Ergo folgt hier eine kurze Umschreibung des besagten Rahmens. Da müssen wir durch. Der Thematik entsprechend ist die Basis von IPBES' Überlegungen nexus-orientiert, sprich mit Fokus auf Verbindungen und Verflechtungen. Ganz wie in der Ökologie eben. Vor diesem Hintergrund gibt es fünf verschiedene Herangehensweisen.

An erster Stelle steht da die Komplexitätstheorie. Sie besagt unter anderem, dass geringfügig erscheinende Einflüsse große Auswirkungen haben können, womit wir wieder beim berühmten Schmetterlingseffekt wären. IPBES leitet daraus die Existenz sogenannter Hebelpunkte her – Ansatzmöglichkeiten für Interventionen mit relativ überschaubarem, jedoch gezielten Aufwand und weitreichendem Veränderungspotenzial. So ließe sich mit den Kräften haushalten und trotzdem Felsblöcke ins Rollen bringen.

Zweitens sollte bei der Suche nach Problemlösungen der spezifischen Widerstands-, Anpassungs- und Wandlungsfähigkeit von sozio-ökologischen Systemen mehr Aufmerksamkeit geschenkt werden. Jedes Dorf, jedes Land, jeder Fluss hat seine eigenen Stärken. Die gelte es besser zu berücksichtigen.

Grundsatz Nummer drei: Die Wege zum Wandel gehen, nach Ansicht der IPBES-Experten, aus gekoppelten Prozessen auf drei verschiedenen Ebenen hervor: Nischen, Regime und Landschaften. Nischen sind kleine, quasi geschützte Räume, in denen Innovationen gedeihen können. La Gamba wäre eine solche. Um weitere Verbreitung zu erlangen, müssen die neuen Ansätze sich auf der nächsten Stufe, die der Regime, gegen herkömmliche Denkweisen und Praktiken, zum Beispiel die klassische, meist ökonomisch orientierte Wiederaufforstung, durchsetzen. Ist dies einmal gelungen, kann eine Neuerung auf Landschaftsniveau ihre volle Wirkung entfalten. Mit »Landschaften« sind in diesem Fall übrigens auch komplexe Gefüge wie die Verzahnung von Naturflächen und einer idealerweise ökologisch verantwortungsvollen Landwirtschaft gemeint. Es geht hier um die Makro-Ebene, das große Ganze aus Wechselwirkungen und gegenseitigen Abhängigkeiten, eventuelle Kaskadeneffekte mit eingeschlossen.

Die vierte Perspektive ist jene der Systeminnovation – die Einsicht, dass nicht einzelne Systemfehler, sondern vernetzte Herausforderungen zu bewältigen sind. Punktuelle Reparaturen werden nicht ausreichen. Logischerweise braucht es dafür auch neues Wissen, denn es sind noch längst nicht alle Zusammenhänge ausreichend erforscht. Abgesehen davon betont IPBES die Notwendigkeit einer Einbindung der Wirtschaft. Neue Technologien und Geschäftsmodelle sollen den Wandel hin zu nachhaltigen Gesellschaften unterstützen. Sie zu fördern, ist eine Hauptaufgabe der Politik.

Um Ideen in der Praxis zu erproben, empfiehlt das Gremium schließlich als fünfte Herangehensweise gesellschaftliche »Realexperimente« mit direkter Beteiligung verschiedener Interessengruppen. Damit wären wir wieder bei den *Seeds of a Good Anthropocene* angelangt. Vieles könnte nach dem Graswurzel-Prinzip entstehen, als lokale Initiativen, die sich von unten nach oben durchsetzen und schließlich breite Nachahmung erfahren. Letztlich aber kommt es auf diese zentrale Erkenntnis an: Menschliches Handeln sollte niemals im Einzelnen betrachtet werden. Jede Aktion löst Reaktionen auf unterschiedlichen Ebenen aus; zeitlich und räumlich; ökonomisch und ökologisch. Unsere gesamte Wirtschaft ist in die Naturkreisläufe eingefasst und muss in deren Rahmen funktionieren. Dem haben wir endlich gerecht zu werden.

Szenarien und Herausforderungen

Was die Zukunft bringen kann, ist bereits Thema schier end-
loser Expertendebatten gewesen. Man hat diverse Szenarien
entwickelt, basierend auf Studien des bisher Geschehenen,
Annahmen über weitere Trends, plus Modellrechnungen.
IPBES kategorisiert diese von verschiedenen Organisationen und Forschungsteams vorgelegten Projektionen in sechs
»Archetypen«.

Im »Ökonomischen Optimismus« wird die globale Entwicklung durch eine wachstumsorientierte, weitgehend de-
regulierte und von internationalen Märkten dominierte Welt-
wirtschaft geprägt. Die Technologie macht große Fortschritte,
der intensive Konsum erfordert einen hohen Verbrauch an
Gütern und Energie. Dank der auch in vielen ärmeren Staaten steigenden Einkommen sinkt das Bevölkerungswachstum.
Auf fruchtbaren Böden werden die land- und forstwirtschaft-
lichen Erträge steigen, Verschmutzung und Klimaerwärmung
nehmen ebenfalls deutlich zu.

Das zweite Szenario, die »Reformierten Märkte«, ist praktisch eine abgemilderte Variante des ersten. Regulierungen
und andere politikbasierte Interventionen dämmen darin
zumindest einen Teil der sozialen und ökologischen Verwerfungen ein. Aber vielleicht kommt es auch ganz anders.

Eine »Globale nachhaltige Entwicklung« würde auf
einem allgemeinen Umdenken in Politik und Bevölkerung
basieren, mit internationaler Kooperation in einer zentralen
Rolle. Technologischer Wandel und ein verantwortungsvol-
les »Governance« (siehe Seite 36) auf allen Ebenen brächten
die Gesellschaft auf den Weg in eine nachhaltige Zukunft,
Bildung würde die notwendigen Verhaltensänderungen fördern. In dieser Projektion geht eine weitgehend gesunde

Ökonomie mit einer moderaten wirtschaftlichen Entwicklung einher. Konsum und Energieverbrauch werden gemäßigt, der Fleischverzehr verringert. Der weltweiten Artenvielfalt käme die Neuorientierung sehr zugute. Gleichzeitig gelänge eine Bremsung des Klimawandels, und es gäbe weniger Verschmutzung.

Szenario Nummer vier, »Regionale Nachhaltigkeit«, unterscheidet sich von seinem Vorgänger vor allem durch die abnehmende Bedeutung internationaler Institutionen. Der Umschwung findet dennoch statt. Getrieben von einem wachsenden Umweltbewusstsein ergreifen zahllose lokale und regionale Kräfte die Initiative. Sie entwickeln eigene Strategien mit Fokus auf Wohlfahrt, Gerechtigkeit und Umweltschutz. Man setzt vermehrt auf regionale Produktion, während der globale Handel zurückgeht. Das Wirtschaftswachstum verharrt auf niedrigem, das Bevölkerungswachstum auf einem mittleren Niveau, und der technische Fortschritt verliert an Tempo. Die Landwirtschaft braucht mehr Fläche, generell jedoch ist die ökologische Belastung begrenzt.

Die fünfte Projektion umschreibt gewissermaßen den Wunschtraum vieler Populisten: Jede Nation für sich, wir gegen alle. IPBES nennt es den »Regionalen Konkurrenzkampf«. Ihm zugrunde liegen ein Versagen des Marktmechanismus und wachsende Ungleichheit. Dies führt zu mehr Kriminalität, Gewalt und Terrorismus, was wiederum Abschottung und dem überhöhten Wunsch nach (innerer) Sicherheit Vorschub leistet. Für die Umwelt hat dies unterschiedliche Folgen. Manche der eher wohlhabenden Staaten wollen möglicherweise ihr eigenes »Haus« in Ordnung bringen und dabei auch eine ökologische Sanierung durchführen. In den ärmeren Ländern dagegen drohen wirtschaftliche Instabilität und starkes Bevölkerungswachstum, die Naturzerstörung weiter voranzutreiben. Der Nahrungsmittelbedarf steigt, was die Landumwandlung intensiviert. Güterkonsum und Energieverbrauch bleiben jedoch relativ niedrig, der Klimawandel wird dadurch gebremst.

Am Ende der Archetypen-Liste steht schließlich die Variante »Business as usual« – eine Fortführung der Trends der letzten Jahrzehnte. Die Weltgemeinschaft wurschtelt sich weiter durch, mit bescheidenen Erfolgen in den Bereichen Wirtschaft, technologischer Wandel, Entwicklung und internationale Zusammenarbeit. Der Aufbruch indes bleibt aus, und die Kernprobleme bleiben weiterhin ungelöst.

Soll die Erde unserer Spezies allerdings auch Ende des 21. Jahrhunderts noch ein gutes Leben ermöglichen, ist eine Wende unumgänglich. Die IPBES-Fachleute haben die möglichen Wege in einer nachhaltigen Zukunft nach den oben genannten Herangehensweisen analysiert. Aus global-ökologischer Sicht ergeben sich so sechs zentrale Herausforderungen:

1. Die Menschheit muss ernährt werden, ohne die landbasierten Naturressourcen zu zerstören.
2. Die Klimaziele müssen ohne massive Veränderungen in der Landnutzung und Verluste an Biodiversität erreicht werden.
3. An Land müssen Naturschutz und Renaturierung positiv zum menschlichen Wohlbefinden beitragen.
4. Süßwasserressourcen müssen für Natur und Mensch erhalten bleiben.
5. Die Nahrungsmittelgewinnung aus dem Meer muss mit dem Schutz der Biodiversität in Einklang gebracht werden.
6. Wachsende Städte sind bei gleichzeitigem Erhalt der sie stützenden Ökosysteme und Artenvielfalt zu versorgen.

All diese Aufgaben sind natürlich mit den SDG, den nachhaltigen Entwicklungszielen der Vereinten Nationen verbunden – manche stärker, manche eher indirekt. Dennoch stehen der Mensch und sein Wirken an zentraler Stelle. Es geht auch gar nicht anders, denn letztlich können nur wir die von uns selbst gemachten Probleme lösen. Das ist, um eine in der Politik gern strapazierte Formulierung zu benutzen, tatsächlich alternativlos.

Experten diverser Couleur haben längst eine ziemlich unübersichtliche Fülle an Lösungsvorschlägen erarbeitet, von neuen Wirtschaftsmodellen bis hin zu künstlicher Kühlung des Weltklimas. Ein guter Teil dieser Ideen lässt sich in drei Kategorien fassen: der Weg der globalen Technologie, der Weg der dezentralen Lösungen und der Weg des veränderten Konsumverhaltens. Im ersten Fall wird Nachhaltigkeit hauptsächlich durch den weltweiten Einsatz von technischen Lösungen erreicht. In der Agrarwirtschaft könnten die Hektar-Erträge weiter steigen, was mehr *land sparing*, die Freistellung von (größeren) Landflächen zu Naturschutzzwecken, ermöglichen würde. Das dezentrale Prinzip wiederum setzt in erster Linie auf maßgeschneiderte, lokale Konzepte. Hier sollte eine stark regionalisierte Nahrungsmittelproduktion das sogenannte *land sharing* begünstigen, die Verflechtung einer intensivierten Öko-Landwirtschaft mit Naturelementen zur Förderung der Biodiversität. Der Fokus auf einer Konsumänderung würde sogar beide Landnutzungseffekte ermöglichen. Durch Neuorientierung des persönlichen Verhaltens könnte man Nahrungsmittelverschwendung und -verluste um rund die Hälfte reduzieren, was etwa 15 Prozent der globalen Produktion entspräche. Am wichtigsten wäre es gleichwohl, den Verzehr von Fleisch, Eiern und Milchprodukten zu verringern.

Lösung zu Herausforderung 1:
Neuordnung des Ernährungssystems

Naturschutz- und Renaturierungsprojekte mögen zwar unentbehrliche Schlüsselelemente sein, doch eine Umkehr der negativen Entwicklungen im Bereich Biodiversität ist laut Ansicht des IPBES-Teams nur mit einer ehrgeizigen Transformation unseres Ernährungssystems möglich. Genau das spiegelt Herausforderung Nummer eins wider. Schon heute beansprucht der Agrarsektor über ein Drittel der trockenen Erdoberfläche. Er produziert dabei genug Nahrung, um zumindest theoretisch den Kalorienbedarf der gesamten Weltbevölkerung zu decken – auch wenn die Verteilung bekanntlich nicht stimmt. Da wir aber immer mehr werden, muss die Produktion logischerweise steigen. Wenigstens für die nächsten Jahrzehnte. Damit dies nicht auf Kosten von Natur und Artenvielfalt geschieht, empfehlen die Autoren, sowohl *land sparing* wie auch *land sharing* zu praktizieren. Welcher Ansatz wo am besten geeignet ist, hänge von den regionalen Bedingungen ab. Eine besondere Rolle sollte zudem, wie oben erwähnt, der ökologischen Landwirtschaft zukommen. Kritiker betonen immer wieder, Bio-Anbau sei nicht produktiv genug, um die bald acht Milliarden Menschen sattzubekommen. Ihren global flächendeckenden Einsatz könne man sich deshalb nicht leisten. Diese Sicht lässt allerdings einiges außer Acht. Es stimmt zwar, dass »Öko« im Vergleich zur agrarindustriellen Produktion mehr Fläche bräuchte, um die gesamte Welt nach den derzeitigen Anforderungen ernähren zu können; würde aber die Essensverschwendung um etwa die Hälfte verringert und die Herstellung tierischer Lebensmittel gedrosselt, wäre eine komplette Umstellung möglich. Den Berechnungen eines internationalen Forscherteams zufolge bliebe in diesem Fall sogar noch Land übrig[13]. Parallel dazu ginge die Stickstoffbelastung spürbar zurück, der Ausstoß klimaschädlicher Gase ebenso. Auch die Pestizidverseuchung wäre passé. Vorteile zuhauf.

Ob eine solche Wende gelingt, hängt nicht nur von den Produzenten und der Politik ab. Entscheidend ist, mal wieder, wie sich die Konsumenten verhalten. Wir alle also. In Bezug auf die Ernährung ist das jedoch äußerst schwierig, denn ausgerechnet die Evolution scheint uns hier einen Strich durch die Rechnung zu machen. Sie hat *Homo sapiens* als Allesfresser hervorgebracht, mit einem unverkennbaren Hang zu Fleisch. Dieser Appetit auf Tierisches entstand laut derzeitigem Forschungsstand vor über zweieinhalb Millionen Jahren. Vielleicht ermöglichte gerade diese Erweiterung des Speiseplans unseren Vorfahren ihr starkes Gehirnwachstum. Fleisch (und Fisch) sind hoch konzentrierte Proteinquellen, und sie liefern reichlich essenzielle Aminosäuren, die der menschliche Körper nicht selbst herstellen kann. Tierische Fette, unter anderem aus Knochenmark, bieten weitere ernährungstechnische Vorteile. Ob Vormenschen wie der *Australopithecus* die von ihnen verspeisten Tiere selbst erlegten oder eher Aasfresser waren, ist noch ungeklärt. Die späteren Vertreter der Gattung *Homo* indes hätten ihre globale Expansion wohl kaum ohne Fleischverzehr geschafft. Sie lernten jagen und fischen und konnten so neue ökologische Nischen erschließen. Das heißt: Der Mensch wäre als Vegetarier nicht zum Menschen geworden.

Umdenken im Sinne der Ökologie

Aber die Zeiten haben sich geändert. Was unseren Vorfahren einst zum Durchbruch verhalf, gilt heute zu Recht als Risikoverhalten. Zu viel des Guten. In Deutschland zum Beispiel verzehrt jeder Einwohner jedes Jahr statistisch rund 60 Kilo Fleisch. Insgesamt entspricht das über sieben Millionen

Tonnen Schlachtgewicht, Abfälle und Verluste inklusive. Eine gewaltige Masse Tier. Und während diese Zahlen in den vergangenen 20 Jahren ungefähr gleich geblieben sind, nimmt die weltweite Nachfrage stetig zu. Allein im Zeitraum von 1990 bis 2013 stieg der Pro-Kopf-Fleischverbrauch der gesamten Menschheit um 29 Prozent. Ein Ende dieses Trends ist vorerst nicht in Sicht. Befeuert wird die Entwicklung vor allem vom steigenden Wohlstand in Schwellenstaaten wie China und Brasilien. Neben diversen Gesundheitsstörungen verursacht der Heißhunger auch enorme Umweltschäden. Die ausufernden Viehbestände brauchen schließlich ihr tägliches Futter. Soja steht dabei an zentraler Stelle. Für seinen Anbau und für Weideland mussten unter anderem im Amazonasgebiet bekanntlich schon Tausende Quadratkilometer Wald weichen. Ein zusätzliches Problem entstammt den Eingeweiden von Rindern. Sie sind Wiederkäuer, in deren Verdauungssystemen überaus aktive Mikroorganismen leben. Letztere produzieren das besonders klimaschädliche Methan. Jeder Kuhfurz treibt somit die Erderwärmung an.

Die Negativliste ist noch länger. Schweinejauche und Hühnerkot verpesten in Regionen mit industrieller Tierhaltung sowohl die Luft wie auch das Grund- und Oberflächenwasser. Nicht nur die Trinkwasserversorgung gerät dadurch in Schwierigkeiten. Um die extrem dicht gedrängten Tierbestände gesund zu halten, braucht es zudem jede Menge Antibiotika. Auch davon landet so einiges in der Umwelt und löst bei Bakterien die Entstehung von Resistenzen aus. Mitunter betrifft das für Menschen potenziell gefährliche Krankheitserreger. Das Ergebnis ist eine biologische Zeitbombe. Antibiotika werden zunehmend wirkungslos; Patienten sterben an Infektionen, die eigentlich gut behandelbar wären. Das Wohl der Nutztiere selber findet in der Massenhaltung kaum Beachtung. Die allermeisten fristen ihr tristes

Dasein ohne Sonnenlicht und Frischluft. Ihr arttypisches Verhalten können Schweine, Hühner und Puten oft gar nicht ausleben. Viele Kühe sehen nie eine Weide. Wie lassen sich derartige Missstände rechtfertigen?

Die Antwort ist die übliche: Geld. Um täglich tonnenweise Fleisch zu Schleuderpreisen anbieten zu können, müssen die Hersteller ihre Produktion tatsächlich komplett durchrationalisieren. Schnitzel zu 4,99 Euro das Kilo wären sonst nicht möglich. Dasselbe gilt allerdings für die verzehrten Mengen. Wer Tiere isst, schickt sich selbst in die oberen Etagen der Nahrungspyramide – quasi direkt neben Eisbären, Adler, Schwertwale und ihresgleichen. Den Populationsgrößen solcher Arten sind in der Natur enge Rahmen gesetzt. Ökosysteme können immer nur eine begrenzte Zahl an Beutegreifern ernähren, weil die innerhalb der Nahrungspyramide verfügbare Biomasse durch Energieverbrauch nach oben hin abnimmt. Dem vermag sich auch *Homo sapiens* nicht zu entziehen. Unsere »westliche«, höchst fleischlastige Diät ist deshalb nur auf Basis von Raubbau und Importen möglich. Und damit wären wir wieder bei den Soja-Steppen, Mais-Monokulturen und überfischten Ozeanen.

> Dieser Lebensstil hat keine Zukunft. Die Erde wird Milliarden Menschen mit einem Pro-Kopf-Verbrauch von jährlich 60 Kilo Fleisch (in den USA sind es sogar über 100 Kilo) auf Dauer nicht ernähren können. Punkt.

Obige unbequeme Wahrheit zu akzeptieren, ist eine Sache; der Erkenntnis entsprechende Taten folgen zu lassen eine andere. Wir werden gegen Zigtausend Jahre ökologischer Prägung ankämpfen müssen. Die kulinarischen Traditionen stellen eine weitere, vermutlich noch größere Hürde dar. Essen ernährt bekanntlich auch die Seele, und die Liebe zu bestimmten Speisen begleitet uns oft ein Leben lang. Die

Erinnerung an Großmutters Bohnensuppe mit Speck kann kostbarer sein als jedes Familienfoto, der Duft von Schaschlik über Holzfeuer einen sofort in seine Jugend zurückversetzen. Müssen wir solches wirklich aufgeben? »Unbedingt«, rufen laut die Vegetarier. Das Töten von Tieren sei moralisch nicht zu rechtfertigen. Die Veganer stimmen sofort mit ein, verurteilen aber gleich auch die Nutzung aller sonstigen tierischen Produkte. Für Milch sterben Kälber. Hühner sind keine Eiermaschinen, und Bienen haben das Alleinrecht auf ihren Honig. »Artgerecht ist nur die Freiheit.« Das ist konsequent. Die reine Lehre, sozusagen, in klarer Abgrenzung zur »nur« vegetarischen Fraktion. Weitgehend einig sind sich beide Gruppen indes über Tierhaltung als Umweltproblem. Der Otto-Normalverbraucher sollte besser beschämt schweigen.

Die Kritiker haben in vielen Punkten recht. Die oft nervende moralische Überhöhung tut der Stichhaltigkeit ihrer Argumente keinen Abbruch. Wenn er will, kann sich *Homo sapiens* tatsächlich vegan ernähren und dabei gesund bleiben. Die moderne Ernährungswissenschaft macht's möglich. Vegetarier haben es diesbezüglich einfacher, weil sie nicht gänzlich auf tierische Proteine verzichten. Manche sehen in der Umstellung auf pflanzliche Kost sogar einen evolutionären Fortschritt. Unsere Spezies würde sich demnach weiterentwickeln, den begrenzten Ressourcen anpassen, und als wahrhaft empathisches Wesen mitfühlende Verantwortung für alle anderen Geschöpfe übernehmen. Ein bestechender Gedanke.

Reduktion statt Verzicht
Es gibt gleichwohl noch eine weitere, vielleicht nicht ganz so progressive, aber dennoch interessante Sichtweise. Um sie genauer zu erläutern, ist an dieser Stelle eine persönliche Erklärung angebracht.

Ich kann leider nicht umhin, meine eigenen Ernährungsvorlieben infrage zu stellen. Denn ich bin, mit Verlaub, ein eingefleischter Teilzeit-Karnivor. Pfundsschwere Steaks? Wunderbar! Am liebsten *rare*, also noch roh im Inneren. Rosmarinhühnchen, Räucherwürste, fetter Speck und Fischsuppe: Nicht mal vor Innereien mache ich halt. In Wien zieht es mich stets zu jenen Würstelständen, wo es Pferdeleberkäse gibt. Und so einer maßt sich an, die Lust am Fleisch zu kritisieren?

Nein, genau das tue ich nicht. Wir Menschen sind, wie bereits betont, ein Teil der Natur und letztlich nur eine einzige Art unter Millionen anderen. Und die Evolution hat uns nun mal als »Raubaffe« konzipiert. Ein radikaler Bruch mit diesem biologischen Erbe erscheint mir weder notwendig noch sinnvoll. Wiederholen wir lieber nicht den alten Denkfehler und versuchen, uns über die Tierwelt zu erheben. Es ist nichts Verwerfliches daran, wenn ein Tiger einen Hirsch tötet und auffrisst. Warum sollte ein Mensch nicht grundsätzlich dasselbe Recht haben? Wer hier eine moralische Grenze zieht, muss sich im nächsten Schritt über die Zukunft von indigenen Völkern Gedanken machen. Will man ihre traditionelle und ökologisch meist nachhaltige Lebensweise verbieten? Die Inuit und andere Arktisbewohner wären dann praktisch gezwungen, ihre Heimat zu verlassen. Hirtennomaden der Steppen drohte ein ähnliches Schicksal. Ganze Kulturen würden verschwinden – eine inakzeptable Perspektive, umweht vom missionarischen und kolonialistischen Geist des 19. Jahrhunderts. An diesem westlichen Wesen wird die Welt garantiert nicht genesen.

Stattdessen könnten wir viel von sogenannten Ureinwohnern lernen. Indigene Gesellschaften verfügen in der Regel über ein hoch entwickeltes Umweltbewusstsein. Ihre Angehörigen wissen üblicherweise sehr genau, welche Ressourcen die sie umgebenden Ökosysteme bereithalten, und wie man diese erschließt, ohne sie zu erschöpfen. Dieser Respekt zeigt sich oft auch im Umgang mit Tieren. Manch traditioneller Jäger entschuldigt sich förmlich bei seiner Beute für das genommene Leben. Tabus und komplexe Regelwerke gewähren Wild- und Fischbeständen einen wirksamen Schutz vor Übernutzung. Solche Einstellungen könnten auch uns Industrialisierten zum Vorbild gereichen. In einem derartigen Kontext wäre die Tiernutzung, sei es für Milch, Eier, Wolle oder Fleisch, unproblematisch. Zumindest meiner Meinung nach. Vor allem aber sollten diese Erzeugnisse wieder als das gelten, was sie im wahrsten Sinne der Wörter sind: wertvoll und kostbar. Und sei es nur aus Achtung vor den Kreaturen.

Artgerechte Viehhaltung
Der Viehhaltung steht nach diesen Überlegungen eine grundlegende Neuorientierung ins Haus. Oberste Priorität haben demnach die ökologische Verträglichkeit und das Tierwohl. Beide passen hervorragend zusammen. In der industriellen Haltung entstehen Leid und Umweltbelastung vor allem durch zu hohe Tierdichten. Ein Mastbetrieb mit 60.000 Schweinen zum Beispiel hat eigentlich gar keine andere Wahl. Die Tiere müssen eingepfercht in großen Hallen untergebracht werden. Um die Flut aus Exkrementen – circa 120.000 Kubikmeter Jauche jährlich – in den Griff zu bekommen, stehen alle ihr Leben lang auf Betonspaltböden. Vor lauter Langeweile bekommen die Schweine schnell Verhaltensstörungen; auch gegenseitige Verletzungen kommen regelmäßig vor. Ferkeln wird deshalb noch immer routinemäßig der Schwanz kupiert, sonst würde er von Artgenossen angenagt. Ein zentrales ökologisches Problem ist die Futtermittelversorgung solcher Anlagen. In Mitteleuropa braucht man für die Ernäh-

rung von 14 Schweinen ungefähr einen Hektar Ackerfläche. Darauf lässt sich, bei nachhaltiger Bewirtschaftung, die zur Mast erforderliche Menge an Mais, Bohnen oder Futterrüben anbauen. 60.000 Schweine benötigen dementsprechend knapp 43 Quadratkilometer. Kein Hof in unseren Gefilden hat so viel Land. Die besagte Fläche muss zudem den anfallenden Mist aufnehmen. Wird mehr pro Hektar ausgebracht, tritt Überdüngung ein.

Bio- statt Industriefleisch

Im Endeffekt gibt es für all diese Probleme nur eine einzige, aber simple Lösung: weniger Tiere.

> Schluss mit der Massenhaltung und der industrialisierten Erzeugung. Die Viehwirtschaft muss abspecken.

Natürlich wirkt sich das auf die Verbraucherpreise aus. Fleisch wird spürbar teurer werden; Eier, Milch und Käse ebenfalls. Von den Konsumenten verlangt dies ein Umdenken. Qualität statt Quantität. Das ist auch eine Frage der Prioritäten. Welchen Stellenwert räumen wir unseren Lebensmitteln ein; wie viel sind wir bereit, für sie zu zahlen? In Deutschland gibt eine durchschnittliche Familie nur 11 Prozent ihres Haushaltseinkommen für Nahrung aus. Dieser Anteil ist seit dem Zweiten Weltkrieg kontinuierlich gesunken. Wenn jedoch das Auto deutlich teureres Öl bekommt als die Kinder in ihren Salat, stimmt etwas nicht. Die Preissteigerungen wären für die allermeisten Europäer zu verkraften. Heute kostet Bio-Schweinefleisch ungefähr zweieinhalbmal so viel wie konventionelle Standardware. Wer also nur noch zweimal in der Woche Steak oder Schnitzel isst, kann sich für dasselbe Geld ökologisch vertretbare Produkte leisten. Und Bio schmeckt meistens sowieso besser.

Nicht nur die Umwelt und die Nutztiere würden vom Umschwung profitieren, auch Landwirte könnten zu den Gewinnern gehören. Viele von ihnen klagen zu Recht über Preisdumping. Die Erlöse ihrer Erzeugnisse sind mitunter so niedrig, dass sie kaum noch die Produktionskosten decken. Derartige Schieflagen gehen zu einem guten Teil aufs Konto der Lebensmitteldiscounter. Großfirmen nutzen ihre Marktmacht, um die Lieferanten unter Druck zu setzen. Wer's nicht billig schafft, wird ausgelistet. Leidtragende sind vor allem die kleineren Landwirte, traditionelle Familienbauernhöfe mit höchstens ein paar Dutzend Hektar Land. Sie können in der Konkurrenz mit durchrationalisierten Großbetrieben nicht mithalten. Wachsen oder weichen, lautet da die Devise. Jedes Jahr geben allein in Deutschland mehrere Tausend Bauern auf. Anfang 2020 waren dort von einst 1,5 Millionen Betrieben (1960) noch 267.000 aktiv; bis 2040 könnten laut Wirtschaftsprognosen nur 100.000 übrig bleiben. Und dieser Trend greift europaweit um sich. Da mag das Thema »Höfesterben« zwar immer wieder auf der agrarpolitischen Tagesordnung stehen, tatsächlich aber gibt es kein wirksames Gegensteuern. Der Löwenanteil der EU-Landwirtschaftssubventionen wird weiterhin nach Fläche vergeben. Je mehr Land, desto mehr Geld. So fördern die Zuschüsse den Wachstumszwang.

Biobauern indes sind von dieser Dauerkrise nur wenig betroffen. Ihre Waren erfreuen sich stetig steigender Nachfrage, und sie erwirtschaften höhere Margen. Das ermöglicht Gewinne, auch für die kleinen Betriebe. Eine Abkehr von der Ramschware lohnt sich. Doch die Konsumenten müssen mitspielen, der Marktanteil für hochwertige Erzeugnisse muss weiterwachsen. Gleichzeitig aber sollte die Politik unterstützend eingreifen. Billigproduzenten können oft nur deshalb so billig liefern, weil sie einen Teil ihrer Produktionskosten an die Allgemeinheit weiterreichen. Die Verseuchung des Grundwassers und damit unserer Trinkwasservorräte durch Überdüngung ist dafür ein Paradebeispiel.

Würde man die konventionell wirtschaftenden Betriebe für sämtliche der von ihnen verursachten Umweltschäden aufkommen lassen, sähen deren Geschäftsbilanzen ganz anders aus.

Jene Bauern dagegen, die bei ihrer Arbeit die Natur schützen und die Artenvielfalt fördern, müssen dafür angemessen entlohnt werden. Das Konzept *Payments for Ecosystem Services* (PES), sprich Zahlungen für Ökosystem-Leistungen, wäre dann eine zentrale Säule der europäischen Agrarpolitik, und Garant für eine zukunftsfähige Landwirtschaft.

Ein weltverträglicher und gesunder Speiseplan

Zurück zum Fleischverzehr. Auf globaler Ebene ist der Verbrauch längst zu einer Gerechtigkeitsfrage geworden. »Das Vieh der Reichen frisst das Brot der Armen«, mahnen Aktivistengruppen manchmal. Im Kern stimmt das. Ein Hektar Getreidefeld macht ungefähr fünfmal so viele Menschen satt wie dieselbe Fläche im Einsatz für die Tierhaltung. Und da das Ziel einer Welt ohne Hunger und ohne Zerstörung der Lebensgrundlagen nur mit weniger Fleisch zu erreichen ist, muss auch die Verteilung neu überdacht werden. Warum sollten einer Kenianerin oder einer Laotin weniger Hähnchenkeulen und Schweinerippchen zustehen als einem Europäer? Den Industrienationen steht damit die größte Senkung ins Haus; in einigen anderen Staaten dagegen, in erster Linie afrikanischen, kann der Fleischkonsum sogar noch steigen. Ein solcher Ausgleich dürfte für viele Wohlstandverwöhnte schwer zu akzeptieren sein. Dennoch gilt: Es gibt ein Menschenrecht auf Nahrung, nicht aber auf täglich' Braten.

Wie ein weltverträglicher Speiseplan aussehen könnte, hat 2019 die EAT-Lancet Commission aufgezeigt. Das internationale Expertenteam führte ernährungswissenschaftliche Analysen mit Daten zu ökologischen Rahmenbedingungen zusammen und entwarf auf deren Basis die sogenannte *Planetary Health Diet*. Für uns Europäer sieht sie eine Reduktion des Fleischverzehrs um gut 50 Prozent vor. Obst, Gemüse, Nüsse und Hülsenfrüchte dagegen sollten wir etwa doppelt so viel essen wie heute. Letztere zwei Kategorien gleichen vor allem den Proteinbedarf aus. Eine radikale Abkehr von tierischen Lebensmitteln sieht die globale Gesundheitsdiät keinesfalls vor. Wer gerne Fleisch isst, könnte sich noch immer jede Woche ein 200-Gramm-Steak gönnen. Die berechnete maximale Tagesration an rotem Fleisch beträgt 28 Gramm. Dazu kämen unter anderem die etwa gleichen Mengen an Geflügel und Fisch. Ein untragbarer Verzicht wäre das nicht. Der neue Speisezettel hätte auch noch einen sehr erfreulichen Nebeneffekt. Die Umstellung würde die Häufigkeit von ernährungsbedingten Krankheiten um rund ein Fünftel verringern. Weniger Fettleibigkeit, weniger Diabetes Typ 2, weniger Herzinfarkte. Den Forschern zufolge gäbe es weltweit circa elf Millionen vorzeitige Todesfälle weniger zu beklagen – von der verbesserten Allgemeingesundheit mal abgesehen.

Die *Planetary Health Diet* ist zudem nicht als rigides Regelwerk vorgesehen. Es gibt Spielraum für regionale Unterschiede und kulturelle Gepflogenheiten, wie die Kommission ausdrücklich betont. So lebt in Indien, der zweitgrößten Nation der Erde mit knapp 1,4 Milliarden Einwohnern, geschätzt ein Drittel der Menschen traditionell vegetarisch, und die meisten anderen essen nur sehr wenig Fleisch. Dementsprechend gering ist der jährliche Pro-Kopf-Verbrauch: noch keine sechs Kilo. Ohne diese indische Mäßigung stünde die Welt womöglich schon heute vor der globalen Hungerkatastrophe. In einigen ostasiatischen Staaten wiederum werden seit eh und je besonders viele Fische und Meeresfrüchte verspeist. Für solche Vorlieben wird, zumindest in gewissen Grenzen, auch zukünftig Platz sein. Unterschiedliche Kulturen können voneinander lernen und so ihre Speisepläne bereichern. Wer zum Beispiel traditionelle arabische oder indische Rezepte wälzt, wird schnell das für viele Europäer verblüffend reichhaltige Potenzial der vegetarischen und veganen Küche erkennen. Es gibt so viel mehr als nur Gemüseteller und Getreide-Bratlinge.

Hauptsache aber ist, dass sich mit dem globalen Gesundheitsmenü 2050 eine Weltbevölkerung von dann vermutlich zehn Milliarden Menschen gut und nachhaltig ernähren lässt.

Was für eine großartige Perspektive.

Millionen Fleischfans wird das neue Maßhalten trotzdem schwerfallen, da bin ich selbst keine Ausnahme. Mein eigener Konsum erreicht bestimmt die 60-Kilo-Grenze, auch wenn ich schon deutlich weniger Tier verzehre als vor zehn Jahren. Das konsequente Einkaufen von Bio-Ware verringert zwar meinen ökologischen Fußabdruck, doch damit ist es noch lange nicht getan. Die Mengen müssen weiter runter. Dank meiner Partnerin, die sich schon seit ihrem zwölften Lebensjahr rein vegetarisch ernährt, habe ich fleischlose Speisen erst richtig schätzen gelernt – und eine ganze Reihe davon in mein Kochrepertoire aufgenommen. Das hilft. Innovative Lebensmittel können ebenfalls eine Stütze sein. Als gegen Ende des letzten Jahrhunderts die ersten Fleischersatzprodukte auf den Markt kamen, schmeckten sie meistens noch wie der sprichwörtliche »Knüppel auf den Kopf«. Da gab es kautschukartige Sojaschnitzel und Hackfleisch-Imitat aus

Schimmelpilzprotein, welches im Mund wie vorgekauter Knorpel wirkte. Hilfe! Mit solcher Gruselkost hätte man vielleicht auch den tiefgläubigsten Buddhisten vor Verzweiflung an die Gulaschkanone getrieben. Die Tofu-Würstchen und Verwandten der neuen Generation dagegen sind zum Teil sogar richtig lecker. Ihre Entwicklung nimmt offenbar weiter Fahrt auf. Inzwischen gibt es hundertprozentig pflanzliche Burger mit erstaunlich fleischähnlichem Geschmack und Aussehen. Beim Anschnitt tritt roter Saft aus. Manche Langzeitvegetarier mögen die veganen Frikadellen absolut nicht essen, eben weil sie so täuschend echt anmuten.

Vom Kopf bis zum Schwanz

Mit Blick auf die angestrebte Reduzierung der Viehbestände ist auch im tierischen Bereich noch so einiges zu holen. Erstens gäbe es da die heutzutage in unserem Kulturkreis häufig verschmähten Teile von Rind & Co. – so wie Kutteln, Herzen oder alles Fettige. Bio-Metzger sehen sich regelmäßig gezwungen, kiloweise Speck als Abfall zu entsorgen. Der Hintergrund: Schweine aus ökologischer Haltung setzen meist mehr Fett an als ihre Artgenossen aus den industriellen Betrieben. Erstere werden langsamer und länger gemästet, und sie stehen nicht unter Dauerstress. Der Fleischqualität kommt dies sehr zugute. Koteletts und Steaks sind schön marmoriert, beim Braten blieben sie prima saftig. Nun haben aber viele Europäer (von US-Amerikanern ganz zu schweigen) mittlerweile eine ausgeprägte Fett-Phobie entwickelt. Kulinarisch ist das eine ziemliche Einschränkung. Und so fliegt dann gerade der wunderbar aromatische, weiße Speck schnell in die Tonne. Welch ein Jammer. Selbstverständlich sollte Derartiges nicht täglich fingerdick auf dem Brot landen, sonst droht dem Körper eine Lipid-Schwemme. Als gelegentliches Schmankerl dagegen ist gegen gepökelten »Lardo« und ähnliche Delikatessen nichts einzuwenden. Letztlich hat dies auch eine ethische Komponente. Wenn wir schon Tiere zum Stillen unseres Appetits töten, sollten wir sie wenigstens so komplett wie möglich verwerten. Der Brite Fergus Henderson prägte für diesen Ansatz einen eigenen Begriff: das »Nose to Tail Eating«. Von Kopf bis Schwanz praktisch alles aufessen. Früher machte man das vor allem bei Hausschlachtungen auch nicht anders.

Insekten als Proteinquelle?

Noch viel weniger beliebt als Innereien und Schweinefüßchen sind in unseren Gefilden Insekten. Mehlwürmer oder Heuschrecken auf dem Teller? Allein schon der Gedanke jagt vielen hierzulande einen Schauer über den Rücken. Wer aber dennoch zugreift, befindet sich in bester Gesellschaft. Hochrechnungen zufolge verspeisen rund zwei Milliarden Menschen in 113 Ländern regelmäßig Insekten. Weltweit gelten über 2.000 verschiedene Spezies als essbar. Auswahl gibt's also genug. Vom Nährwert her sind die Tierchen Braten und Schnitzel absolut ebenbürtig. Zu den beliebtesten sechsbeinigen Häppchen zählen unter anderem Termiten, Ameisen, diverse Heuschreckenarten sowie die fetten Larven des Palmrüsselkäfers *Rhynchophorus ferrugineus* – besser bekannt unter dem Namen Sagowürmer. Den Rekord in Sachen kulinarischer Vielfalt hält die mexikanische Küche, wo rund 540 Insektenarten auf den Menüs landen. Auch in weiten Teilen Afrikas und Asiens gehören Kerbtiere traditionell zur Alltagskost. Nur an westlichen Tafeln rümpft man konsequent die Nasen. Ganz unbekannt war die Entomophagie, sprich der Insektenverzehr, in Europa allerdings nicht. Maikäfersuppe galt im Deutschland des 19. Jahrhunderts als »feines und treffliches Nahrungsmittel«. Sie wurde ähnlich wie Flusskrebssuppe zubereitet.

Die heutige Abneigung ist nicht leicht zu erklären. Na gut: Ein halbes Dutzend dürre Beinchen regen nicht so sehr zum Reinbeißen an wie ein duftender Hähnchenschenkel. Andererseits gilt Meereskrabbelgetier, siehe Garnelencocktail, auch zahlreichen Inlandbewohnern als Leckerbissen. Wo genau ist da der Unterschied? Getrocknete Wanderheuschrecken zum Beispiel – ja genau die Sorte, die in Afrika immer wieder über Ernten herfällt – schmecken nicht wirklich intensiv, aber interessant. Der Gaumen erahnt einen Hauch Butteriges, kombiniert mit einem Anklang von Karotten. Die Flügel sollte man vorher entfernen. Wichtiger als die kulinarischen Aspekte ist jedoch das Potenzial von Insekten als ökologisch günstigen Lieferanten von tierischem Eiweiß. Sie sind nämlich erstklassige Kostverwerter. Zur Produktion eines Kilos Rindfleisch müssen im Durchschnitt 7,7 Kilo Futter aufgewendet werden. Schwein schlägt mit 3,6 Kilo zu Buche, Hühner brauchen 2,2 Kilo Tiernahrung pro Kilo Brust oder Keule. Essbare Grillen dagegen kommen mit nur 1,7 Kilo Proviant aus. Abgesehen davon benötigen die Krabbler viel weniger Platz und Wasser. Der Ausstoß von CO_2 und Ammoniak fällt in der Insektenproduktion ebenfalls deutlich geringer aus. Erhebliche Vorteile für Umwelt und Klima. In der Schweiz sind Wanderheuschrecken, Mehlwürmer und Hausgrillen bereits seit 2017 als Lebensmittel zugelassen, in Deutschland und Österreich ist der Verkauf bisher durch Sonderverordnungen erlaubt. Die EU wird vermutlich bald eine allgemeine Regelung für sämtliche ihrer Mitgliedstaaten in Kraft setzen.

Ertragssteigerung

Die Ernährung der Menschheit indes hängt natürlich nicht nur an der Fleischfrage, auch wenn sie noch so zentral ist. In mehreren Erdregionen muss beim Anbau von Feldfrüchten dringend die Produktivität steigen. Durch optimale Bewirtschaftung könnten Böden und Wasserressourcen deutlich mehr liefern. Fachleute bezeichnen diese Diskrepanz zwischen potenziellen und realisierten Ernteergebnissen als Ertragslücke, im internationalen Forscherjargon *yield gap* genannt. Sie zu überbrücken dürfte vor allem in Afrika südlich der Sahara entscheidend sein. Die Produktionsdefizite haben allerdings vielerlei Ursachen. Oft mangelt es den Nutzpflanzen an bestimmten Nährstoffen, und es wird nicht ausreichend oder zweckmäßig gedüngt. Auch Wasserknappheit, Schädlinge, Pflanzenkrankheiten, schlechtes Saatgut und widriges Wetter beeinträchtigen die Ernteerfolge. Weitere Hemmnisse sind sozioökonomischer Natur. Wenn Bauern der Zugang zu Krediten oder anderen Finanzierungsquellen fehlt, bleiben notwendige Investitionen aus. Des Weiteren kann gerade kleinen Familienbetrieben einfach zu wenig Zeit und Arbeitskraft zur Verfügung stehen, um ihr Land bestmöglich zu nutzen. Scheu vor Neuerungen bremst Innovationen aus. Sie ist häufig eine Strategie zur Risikovermeidung, in erster Linie unter armen Bauern, die aus ihrer Not heraus kein Wagnis eingehen wollen. Verständlich. Ein gescheitertes Experiment kann ihre Existenz zerstören. Mitunter jedoch beruht die Aversion vor dem Neuen nur auf schlichter Starrköpfigkeit. »Wir haben das schon immer so gemacht«, heißt es dann. Schluss der Debatte. Und damit wären wir bei einer weiteren wesentlichen Ursache für Ertragslücken angelangt: Bildungsmangel.

Kleinbauern als Basis für eine »gesunde« Landwirtschaft

Wer nun aber denkt, angesichts obiger Probleme wieder das klassisch »westliche« Hohelied von Technik und Rationalisierung anstimmen zu müssen, der irrt. Dafür ist die Sachlage viel zu komplex. So streiten sich Agrarexperten seit Jahrzehnten darüber, ob Großfarmen produktiver sind als Kleinbetriebe. Die Frage lässt sich offenbar nicht pauschal beantworten. In Entwicklungsländern jedenfalls erreichen Kleinbauern mit weniger als zwei Hektar Land oft die höheren Flächenerträge. Die Bedeutung ihrer Arbeit wird auch sonst leicht unterschätzt. Weltweit existieren zurzeit rund 475 Millionen Kleinhöfe – das sind über 80 Prozent aller Landwirtschaftsbetriebe. Ihnen stehen lediglich 12 Prozent der globalen Agrarflächen zur Verfügung; doch in Asien und dem südlichen Afrika liefern sie mehr als drei Viertel der dort produzierten Nahrungsmittel. 65 Prozent allen Reises wächst auf ihren Feldern. Ohne die Kleinen gibt es also keine Ernährungssicherheit. Sie zu stützen und zu stärken dient dem Wohl der gesamten Weltbevölkerung.

Industrialisierte Landwirtschaft birgt zudem ganz eigene Risiken. Ein Strukturwandel hin zu größeren Betrieben zerstört Arbeitsplätze, was in ländlich geprägten Regionen und Staaten weitreichende Folgen hat. Menschen ohne Perspektive, vor allem die Jüngeren, fliehen in die Städte oder gleich ins reiche Ausland. Kleinbauern indes tragen nicht nur über ihre Produktion entscheidend zur Ernährungssicherung bei; sie sind auch Hüter und Züchter Tausender Nutzpflanzensorten und Tierrassen – die schon im vorangegangenen Abschnitt erwähnte Agrobiodiversität.

Beispiel Mais
Was für vielschichtige Wechselwirkungen dabei zustande kommen, haben Forscher vor ein paar Jahren für Mais aufgezeigt. Das Kolbengetreide ist eines der wichtigsten Ackergewächse überhaupt und deckt für rund 4,5 Milliarden Menschen in Entwicklungsländern knapp ein Drittel ihres Kalorienbedarfs. Seine Domestizierung begann vermutlich vor etwa 9.000 Jahren im heutigen Mexiko. Für die dortigen

Kleinbauern, die Campesinos, ist Mais noch immer ein traditionelles Kulturgut. Sie produzieren seit jeher ihr eigenes Saatgut und tauschen es untereinander aus, statt solches von Agrarfirmen zu beziehen. Über die Jahrhunderte ist dadurch eine nie da gewesene Menge regionaler Sorten entstanden. Experten listen heute 59 verschiedene mexikanische Landrassen, mit einer unbekannten Zahl an Untervarianten. Der größte Wert dieser Fülle liegt in der Versatilität. Die Campesinos bauen Mais in sehr unterschiedlichen und nicht unbedingt optimalen Lagen an, mit unterschiedlichem Lokalklima. Dank ihrer Zuchtauswahl jedoch sind die verwendeten Sorten stets gut auf die vorherrschenden Bedingungen eingestellt.

Der mexikanische Mais ist ein exemplarischer Fall. Das Festhalten der Kleinbauern am Herkömmlichen wurde schon oft kritisiert; der Campesino-Landwirtschaft ein baldiges Ende vorhergesagt. Sie sei, man ahnt es schon, anachronistisch und ineffizient. Tatsächlich aber reicht die von kleinen Familienbetrieben produzierte Maismenge aus, um knapp die Hälfte der mexikanischen Bevölkerung zu ernähren. Hinzu kommt, dass die Campesinos durch die eigene Saatgutvermehrung auf verschiedensten Parzellen ein einzigartiges Umfeld für die Entstehung genetischer Vielfalt geschaffen haben. Fachleute nennen es ein Evosystem – ein Evolutionsgenerator, sozusagen. Dieses Gefüge besteht aus drei Hauptbestandteilen. Erstens ist da die schiere Masse an reproduktionsfähigen Maispflanzen, den Berechnungen der Wissenschaftler zufolge über 100 Milliarden pro Saison[14]. Jede davon hat ihr eigenes Erbgut, worauf Mutation und natürliche Selektion einwirken können. Die bereits vorhandene Diversität bildet die zweite Komponente. Sie erhöht die Anzahl der möglichen, aus Befruchtung hervorgehenden Rekombinationen, sei es durch Zufall oder gezielte

Kreuzungen. Faktor Nummer drei ist das breite Spektrum an Umweltbedingungen. Letztere treiben die Selektion an und somit das Aufkommen lokal angepasster Varianten. Ein sich selbst verstärkender Prozess. Das Ergebnis: Wohl nie zuvor gab es beim Mais so viel genetischen Reichtum. Lob den Campesinos.

Weiter nördlich dagegen sieht die Lage ganz anders aus. US-amerikanische und kanadische Landwirte bauen alljährlich auf über 34 Millionen Hektar Mais an, setzen allerdings fast nur industrielle, häufig genmanipulierte Hybridsorten ein. Das verwendete Saatgut wird von einigen wenigen Großunternehmen produziert, die daraus wachsenden Pflanzen sind zur weiteren Zucht nicht mehr geeignet. Eine hofeigene Vermehrung wird so verhindert, und die Bauern müssen immer wieder neu kaufen. Neben der schleichenden Abhängigkeit führt dieses Vermarktungssystem auch zu einer bedenklichen genetischen Verarmung. Die Gründe liegen auf der Hand. Die Geschäftspolitik der Konzerne ist in der Regel auf kurz- oder höchstens mittelfristige Gewinnmaximierung ausgelegt. In den Erhalt oder gar die Entwicklung von Spezialvarianten für den Anbau unter kleinrahmigen Bedingungen zu investieren, lohnt sich für sie nicht. Da produziert man lieber schnellwüchsige Hybride, die dank massiver Düngung und Pestizid-Einsätzen gut in ausgedehnten Monokulturen gedeihen. Dass in der modernen Welt auch solche Sorten ihre Existenzberechtigung haben, steht außer Frage. Ihre Dominanz indes ist erdrückend. Und wenn Agrarfirmen dann noch genmanipulierte Varianten mit eingebauter Resistenz gegen ihre eigenen Ackergifte, wie zum Beispiel Glyphosat, verkaufen, droht die Monopolisierung vollends durchzugreifen.

Eine auf Nachhaltigkeit ausgelegte Landwirtschaft hat eben andere Prioritäten als nur Profit. Sie muss für die Zukunft vorbauen, das heißt, Bodenfruchtbarkeit fördern, Wasserressourcen bewahren und ihre Produktion gegen potenzielle Gefahren wie Plagen oder Umweltveränderungen absichern.

Traditionelle, »bäuerliche« Strukturen haben diesbezüglich eine Menge zu bieten. Mitunter sind überlieferte Methoden im Sinne von »Wir haben das schon immer so gemacht« tatsächlich von Vorteil. Die institutionalisierte Wissenschaft kann deshalb viel von den Campesinos und ihresgleichen lernen, aber auch umgekehrt – Stichwort Bildung. Der Wissenstransfer sollte unbedingt in beide Richtungen stattfinden; auf Augenhöhe und im gegenseitigen Respekt das Beste aus beiden Welten kombinieren. Es gibt zudem keine Pauschallösungen. Vielfalt und Diversifizierung sind faktisch Naturgesetz. Schließlich ist die Erde selbst ein riesiges Evosystem, mit unendlich vielen, stets veränderlichen Wechselwirkungen. Einförmigkeit und Starre haben in einem solchen Räderwerk keinen Bestand. Der Mensch muss sich danach richten. Dementsprechend braucht die Landwirtschaft maßgeschneiderte Konzepte. Was wo in welcher Intensität angebaut wird, bedarf der sorgfältigen Abwägung, die in vielen Fällen auch neu erfolgen sollte. Stichwort Systeminnovation, bis ins Detail. Das mag schwierig und aufwendig sein, doch die agrarbiologische Forschung macht just auf diesem Gebiet große Fortschritte. Die Probleme sind lösbar, die Zukunft ist offen.

Lösung zu Herausforderung 2:
Treibhausgase einsparen, Biodiversität bewahren

Vielschichtige Ansätze werden auch zur Bewältigung der zweiten dringenden Herausforderung gebraucht: das Erreichen der Klimaziele ohne massive Veränderungen in der Landnutzung und Verluste an Biodiversität. Hier hat sich inzwischen ein ernsthafter Interessenkonflikt aufgetan. Gegen Ende des vergangenen Jahrhunderts kamen zum ersten Mal alternative Treibstoffe wie Biodiesel aus Rapsöl und Ethanol, welches hauptsächlich aus Mais oder Zuckerrohr gewonnen wird, auf den Markt. Sie sollten erdölbasierten Sprit teilweise ersetzen und dadurch das Klima schonen. Der Gedanke dahinter schien auf den ersten Blick Sinn zu machen. Wer Pflanzenmaterial statt fossiler Brennstoffe verheizt, trägt im Prinzip nicht zur Erhöhung der atmosphärischen CO_2-Konzentration bei. So weit, so richtig. Die Idee hat dennoch einen gewaltigen Pferdefuß. Der indirekte Verzehr von Mais und anderen Feldfrüchten macht aus Autos direkte Nahrungskonkurrenten der Menschheit. »Essen gehört nicht in den Tank«, monieren die Kritiker der Biotreibstoffe zurecht. Laut Angaben von Greenpeace braucht es umgerechnet 1,5 Millionen Tonnen Getreide, um nur ein Prozent des jährlichen Spritverbrauchs in Deutschland zu decken. Die gleiche Menge reiche für die Ernährung von 4,5 Millionen Menschen.

Biodiesel und E10-Benzin treiben auch den Naturschwund weiter voran. Die Waldvernichtung in den Tropen ist zu einem guten Teil dem Flächenbedarf für den Anbau sogenannter Energiepflanzen zuzuschreiben, wie bereits im Kapitel über Palmöl erwähnt. Währenddessen führt die ausufernde Maisproduktion vor allem in Europa und Nordamerika zur schleichenden Verödung ganzer Landstriche. Dem Klima aber ist mit diesem globalen Brachialaufwand nicht wirklich geholfen. Die Zerstörung von Tropenwäldern für Palmölplantagen oder Sojafelder, häufig durch Brandrodung, setzt massig CO_2 frei. Wuchs der Dschungel auf Torfböden, entweichen aus diesem Untergrund zusätzliche Riesenmengen des Gases. Mais wiederum benötigt viel Nährstoffe. Um dem entgegenzukommen, versorgen Landwirte ihre Maisfelder mit reichlich Stickstoffdünger.

Überdüngung ist leider keine Seltenheit. Bodenmikroben wandeln einen Teil des ausgebrachten Stickstoffs in Distickstoffoxid (N_2O) um, welches als Treibhausgas ungefähr 300-mal stärker wirkt als CO_2.

Seit 1980 sind die menschengemachten N_2O-Emissionen um 30 Prozent gestiegen, und dieser Trend setzt sich fort. Zurzeit gelangen so weltweit jährlich rund 7,3 Millionen Tonnen Stickstoff zusätzlich in die Atmosphäre[15]. Der Löwenanteil davon entstammt der Landwirtschaft, also auch dem Anbau von Energiepflanzen. Das Problem Erderwärmung wird man so wohl eher nicht lösen.

In vielen Plänen zur Eindämmung des Klimawandels spielen Biokraftstoffe trotzdem eine wichtige Rolle. Ende dieses Jahrhunderts könnte ihre Produktion demnach bis zu 600 Millionen Hektar Landwirtschaftsfläche in Anspruch nehmen – das entspricht knapp zwei Drittel der Ausdehnung der USA. Der Artenvielfalt drohen damit durch weiter schrumpfende Lebensräume noch mehr Verluste. Klimaschutz auf Kosten des Naturschutzes? Das ist natürlich keine Option. Vielleicht bieten die Biotreibstoffe der dritten und vierten Generation einen Ausweg aus diesem Dilemma. Genauso wie höhere Pflanzen produzieren auch einzellige Algen Fette und Kohlenhydrate; die Grundlagen für die Herstellung von Biosprit. Im Gegensatz zu Ölpalmen & Co. benötigen die Mikrogewächse allerdings keinen Boden und nur wenig

Fläche. Sie lassen sich in großen Becken oder Tanks züchten. Viele von ihnen gedeihen hervorragend in versalztem oder verschmutztem Wasser. Letzteres dient dann zugleich als Dünger. Mit Algen und Cyanobakterien (früher Blaualgen genannt) lassen sich zudem höhere Erträge als mit herkömmlichen Nutzpflanzen erzielen, unter anderem, weil sie effizienter in der Fotosynthese sind. Gentechnisch manipulierte Sorten könnten zusätzliche Vorteile bringen, aber auch Risiken. Ob Algenkraft jedoch einen wesentlichen Beitrag zur Deckung des Weltenergiebedarfs zu leisten vermag, oder nur ein Nischenprodukt bleiben wird, ist momentan nicht abzusehen.

Bei den Biokraftstoffen der zweiten Generation handelt es sich oft um solche auf Holzbasis. Deren ökologische Bilanz dürfte in manchen Fällen vertretbar sein, häufig indes wird in der Bewertung so einiges übersehen. Intensiv bewirtschaftete Wälder leiden unter Totholzmangel. Nicht nur die geschlagenen Bäume, auch Abgestorbenes und Holzabfälle wie abgesägte Äste werden in solchen Forsten gerne entfernt. Unter natürlichen Bedingungen würde es zahllosen Organismen als Lebensgrundlage dienen. Pilze, Bakterien und Kleingetier zersetzen das Material, bis sich daraus Humus gebildet hat. Und dieser bildet Boden. Das bedeutet: Ein Teil der Holzbiomasse mitsamt des in ihr gebundenen Kohlenstoffs wird im Erdreich deponiert – für kürzere oder längere Zeit. Endet das Holz stattdessen in den Vergärungsanlagen der Treibstoffindustrie, wabert der Stoff bald wieder als CO_2 durch die Atmosphäre. Ein Nullsummenspiel, bestenfalls. Aber Wälder können so viel mehr.

Wald als nachhaltiger CO_2-Speicher

Im Sommer 2019 veröffentlichte das Wissenschaftsmagazin *Science* eine aufsehenerregende Studie. Fachleute der Eidgenössischen Technischen Hochschule (ETH) in Zürich hatten zusammen mit Experten der Welternährungsorganisation FAO das Klimaschutz-Potenzial von Wiederbewaldung untersucht. Ihren Berechnungen nach gäbe es weltweit rund 900 Millionen Hektar Land, die zur Wiederaufforstung geeignet wären[16]. Wenn auf diesen Flächen irgendwann ausgewachsene Wälder stehen würden, könnten sie circa 205 Gigatonnen Kohlenstoff binden. Das entspräche ungefähr einem Drittel der gesamten Menge, welche die Menschheit seit Beginn der industriellen Revolution in die Luft geblasen hat. Die Studie erntete prompt massiven Widerspruch. Die Forscher, so meinten Kollegen, überschätzten das Speicherpotenzial von Bäumen, und sie ließen zudem einige wichtige Faktoren wie auf den vorgesehenen Arealen bereits bestehenden Bewuchs außer Acht. Die Kritik war in mehreren Punkten berechtigt, die Autoren besserten nach. Der zentralen Aussage ihrer Berechnungen tat dies allerdings keinen Abbruch. Die lautet: Wir brauchen mehr Wald. Dringend.

Wenn über den richtigen Weg im Kampf gegen die globale Erwärmung debattiert wird, ist regelmäßig auch von *Carbon Capture and Storage*, abgekürzt *CCS*, die Rede. Kohlendioxid soll abgeschieden, eingefangen und für die Ewigkeit unterirdisch gelagert werden. Ehemalige Erdgas- oder Erdöllagerstätten könnten als Speicher dienen. Die Idee zielt in erster Linie auf die direkten Emissionen von Industrie und Energiewirtschaft. Das CO_2 würde praktisch noch im Schlot chemisch gebunden und könnte nicht mehr in die Luft gelangen. Manche Ingenieure indes wollen noch weiter gehen. Ihre Pläne zielen darauf ab, Kohlendioxid in großen Mengen direkt der Atmosphäre zu entziehen, um es anschließend in die unterirdischen Speicher zu verfrachten oder gar, mit reichlich Energieaufwand, synthetischen Treibstoff daraus zu machen. Erste Pilotanlagen zeigen, dass ein solcher

Direct Air Capture (DAC) technisch machbar ist. Zumindest im kleinen Maßstab. Die Kosten sind gleichwohl horrend. Momentan schlüge DAC mit, je nach Technologie, 250 bis 600 US-Dollar pro Tonne entnommenem CO_2 zu Buche. Die Rechnung für die anschließende Einlagerung käme separat hinzu. Befürworter hoffen, den Preis in Zukunft auf 100 US-Dollar pro Tonne drücken zu können. Sollte die Erderwärmung dank solcher Eingriffe auf unter 2 °C begrenzt bleiben, müssten der Luft Hunderte Millionen Tonnen Kohlendioxid entzogen werden. Pro Jahr. Kurz vor Beginn der Coronakrise betrug der jährliche Ausstoß der gesamten Menschheit gut 40 Gigatonnen, ausgeschrieben über 40.000.000.000 Tonnen.

DAC ist wieder mal ein Zeugnis von der seltsamen Technikgläubigkeit vieler Menschen – Entscheidungsträger inklusive. Man will unbedingt das Rad, in diesem Fall den Baum, neu erfinden. Die Zahlen jedoch sprechen klar für die Natur. Welche Mengen an CO_2 Gehölze speichern können, hängt stark von der jeweiligen Spezies, dem Alter und den vorherrschenden Wachstumsbedingungen ab. Eine einhundertjährige westeuropäische Eiche enthält knapp drei Tonnen Kohlenstoff. Das entspricht fast 10,5 Tonnen Kohlendioxid. Tropische Urwaldriesen binden oft noch mehr. Eines von Anton Weissenhofers in Costa Rica gepflanzten Bäumchen kann der Atmosphäre für nur 18 US-Dollar ungefähr die zehnfache Menge an CO_2 entziehen wie eine hochoptimierte DAC-Anlage vielleicht irgendwann in Zukunft für 100 US-Dollar. Letztere Option anzustreben entbehrt also jeder Logik.

Trotzdem mag es Sinn machen, das technische Potenzial von CCS-Ansätzen zu erforschen. Das deutsche Umweltbundesamt sieht in der Kohlendioxid-Abscheidung und Endlagerung eine eventuelle Übergangslösung, einsetzbar in Kraftwerken und Industrieanlagen, die noch fossile Brennstoffe verfeuern. Diverse andere Institutionen plädieren dafür, die Energiegewinnung aus Biomasse mit CCS-Verfahren zu koppeln (BECS – *Bioenergy with Carbon Storage*). Und sollte die Weltgemeinschaft in den nächsten Jahrzehnten unfähig sein, ihre CO_2-Emissionen radikal zu senken, muss DAC womöglich als extrem teure Notbremse zum Einsatz kommen. Vorher aber haben unsere Hauptanstrengungen dem Reduzieren und der natürlichen Speicherung zu gelten. Alles andere wäre grob fahrlässig.

Wind- und Solarenergie plus Wasserkraft decken schon jetzt einen stetig wachsenden Teil des globalen Energieverbrauchs und vermindern so den Kohlendioxid-Ausstoß. Ökologisch gesehen hinterlassen die ersten beiden meist nur geringe Spuren.

> Hydropower und Staudämme dagegen entpuppen sich oft als regelrechte Zerstörer, deren künstliche Seen zudem noch reichlich Methan freisetzen. Ein weiterer Ausbau der Wasserkraft dürfte deshalb in nur sehr wenigen Fällen vertretbar sein – es sei denn, neue Technologien machen die Anlagen entschieden umweltfreundlicher.

Die CO_2-Belastung der Atmosphäre lässt sich natürlich auch durch simples Energiesparen senken. Wir alle können dazu beitragen, die Möglichkeiten sind ja allseits bekannt. Bleibt schließlich die Wiederbewaldung als nächste große Perspektive. Sie allerdings hat ebenfalls ihre Haken. Überall auf der Welt gilt, was Anton Weissenhofer und seine Mitstreiter zum obersten Gebot machen: Mit Bäumchen pflanzen alleine ist es nicht getan. Ganz im Gegenteil.

Es gibt leider nicht wenige (Wieder-)Aufforstungsprojekte, die eher schaden als nutzen. Ein häufiges und weitverbreitetes Problem sind die Monokulturen. Man will rasch Resultate sehen und setzt deshalb auf schnellwüchsige Baumarten wie die Waldkiefer (*Pinus sylvestris*) und verschiedene Eukalyptus-Spezies, in Reih und Glied über Dutzende Hektar hinweg. Das sind keine Wälder, sondern militärisch anmutende Plantagen. China bringt solche Baumarmeen im Kampf gegen die in seine Nordprovinzen vorrückende Wüste in Stellung. »Die Große Grüne Mauer«, nennt die Regierung das Projekt. Der Erfolg hält sich in Grenzen. Zwar wurden 1978 bis 2019 laut Behördenangaben über 66 Milliarden Bäume gepflanzt und die sogenannte Desertifikation vorerst gestoppt, doch die neuen Forste blicken in eine unsichere Zukunft. Zum einen verbrauchen die oft nicht standorttypischen Gehölze zu viel Wasser. Sie saugen immer mehr Regen auf, wodurch weniger versickert oder überirdisch abfließt. Schrumpfende Grundwasserreservoirs und siechende Flüsse sind die Folge. Der Klimawandel mit seinen steigenden Temperaturen und zunehmenden Dürren verstärkt diesen Umstand. Abgesehen davon drohen den Surrogatwäldern ständig Plagen. So fielen Anfang des Jahrtausends rund eine Milliarde Pappeln einem Massenaufkommen von Laubholzbockkäfern der Gattung *Anoplophora* zum Opfer. Inzwischen mahnen auch chinesische Experten eine bessere Planung an. Statt durstigen Bäumen werden jetzt zum Teil heimische Büsche und andere trockenheitsresistente Gewächse verwendet. Ein wichtiger Schritt in die richtige Richtung.

Schlecht durchdachte Pflanzungen können noch weitere Probleme mit sich bringen. So sind sie vor allem in Südeuropa für viele Waldbrände verantwortlich. Der flächendeckende Einsatz gebietsfremder Spezies, siehe die Eukalyptus-Plantagen auf der Iberischen Halbinsel, raubt zudem der einheimischen Flora und Fauna Lebensräume. Manchmal wird sogar dort aufgeforstet, wo sich andere, ökologisch wertvolle Habitate erstrecken. In Savannen und Steppen zum Beispiel haben dichte Baumbestände nichts verloren. Die Grasland-Biome beherbergen ihre ganz eigenen, speziell angepassten Arten, die unter Waldbedingungen zugrunde gehen. Auch mit der lokalen menschlichen Bevölkerung kann es Schwierigkeiten geben. Die Autoren der besagten *Science*-Studie von 2019, die das Klimaschutzpotenzial von Wiederbewaldung untersucht hatten, nahmen Siedlungsflächen und Ackerland explizit aus den Projektionen heraus; extensiv genutztes Weideland dagegen wurde dem Aufforstungspotenzial zugeschlagen. Betroffen wären unter anderem weite Teile der Britischen Inseln, wo die Schafzucht seit Jahrhunderten ganze Landschaften prägt. Widerstand ist dort praktisch vorprogrammiert. Ähnliche Konflikte dürften zukünftigen Bewaldungsprojekten in den USA drohen, und in jenen Regionen Afrikas und Asiens, die traditionell von nomadischen Hirtenvölkern genutzt werden. Die Interessen der Indigenen übersieht man ja eh gerne.

PES – *Payment for Ecosystem Services* – sind eine Möglichkeit, solche Hürden zu überwinden. Wenn Landbesitzer oder Pächter angemessen für Pflanzungen und Waldpflege bezahlt werden, steigt logischerweise die Beteiligungsbereitschaft. Konzepte wie REDD+ (*Reducing emissions from deforestation and forest degradation*) von der UN-Klimarahmenkonvention wollen dies fördern. In der Praxis jedoch haben sich derartige Programme schon regelmäßig als fehleranfällig erwiesen. Nicht selten werden Korruption und Landraub Vorschub geleistet, und für die ökologische Qualität der Maßnahmen gibt es häufig keine oder kaum Anforderungen.

> Derweil läuft uns allen die Zeit davon. Um tatsächlich 205 Gigatonnen Kohlenstoff in neue Wälder packen zu können, müssten wir die derzeitige Pflanzungsrate um etwa das Zwanzigfache erhöhen, und zwar schnell.

Das wird schwierig.

An vollmundigen Versprechungen mangelt es gleichwohl nicht. So sollen, wie schon erwähnt, im Rahmen der *Bonn Challenge* bis 2030 weltweit insgesamt 350 Millionen Hektar Land aufgeforstet oder wiederbewaldet werden. Bisher nehmen 61 Staaten plus einige Organisationen daran teil. Von ihnen zugesagt wurden insgesamt 210 Millionen Hektar. Klingt gut, erst mal. Allerdings sind gut 40 Prozent dieser Flächen leider als Plantagen für Eukalyptus, Akazien und dergleichen vorgesehen. Monokulturen also, die hauptsächlich der intensiven wirtschaftlichen Nutzung dienen sollen. Die Bäume werden unter anderem als Rohstoff für die Papierindustrie enden. Der gebundene Kohlenstoff wäre bald wieder frei.

Im Übrigen bieten Firmen wie Ölkonzerne und Flugunternehmen zunehmend Kompensationsprogramme an, mit denen die Kundschaft durch einen Zahlungsaufschlag für Pflanzungen angeblich ihren CO_2-Ausstoß ausgleichen kann. Viele dieser Projekte führen ebenfalls zu fragwürdigen Resultaten. Mehr als Gewissensberuhigung und »Greenwashing« fürs öffentliche Image sind sie oft nicht.

So weit die wichtigsten Schattenseiten. Grundsätzlich aber würde mehr Wald enorm zur Gesundung unserer Erde und des globalen Ökosystems beitragen. Die größte Wirkung kann er bekanntlich in tropischen Zonen mit feuchtem Klima entfalten. Dort kurbeln konstante Wärme und reichlich Niederschläge ein praktisch ganzjähriges Wachstum an. Die Kronendichte erreicht in solchen Regenwäldern bis zu 100 Prozent, die stehende Biomasse erlangt Höchstwerte. Ergo sollten Renaturierungs- und Waldschutzprojekte bevorzugt in typischen Dschungelgebieten erfolgen. Die vielerorts noch immer grassierende Entwaldung zu stoppen, hat gegenüber der Wiederbewaldung von zerstörten Flächen Priorität; die beiden indes schließen sich nicht gegenseitig aus. In trockeneren oder kälteren Regionen gedeihen, wenn überhaupt, meist nur lockere Wälder. Ihre Kronendichte beträgt oft nur um die 30 Prozent. Trotzdem vermögen ökologisch ausgeklügelte Pflanzungen auch hier Gutes zu bewirken. Neben einer Verbesserung der Bodenfruchtbarkeit, wie sie unter anderem in Südspanien nachgewiesen wurde[17], kann (Wieder-)Aufforstung das regionale Klima positiv beeinflussen. Wald absorbiert zwar Sonnenlicht und verringert die Rückstrahlung, die sogenannte Albedo, doch er speichert auch Wasser und gibt einen Teil als Dampf wieder ab. Bäume produzieren zudem Aerosole, die die Wolkenbildung begünstigen. Wie sich diese Kombination auf die Temperaturen auswirkt, hängt von lokalen Bedingungen ab. Die Modelle eines israelisch-US-amerikanischen Forschungsteams zeigen allerdings, dass großflächige Pflanzungen in der afrikanischen Sahelzone wahrscheinlich zu mehr Regen und weniger Hitze führen würden[18]. Für die Menschen dort wäre das ein Segen – vorausgesetzt natürlich, man nimmt ihnen nicht ihre Felder und Weidegebiete.

Letztlich gilt für Wald und Klimaschutz dasselbe wie für eine zukunftsorientierte Agrarwirtschaft: Es gibt keine einfachen Lösungen. Der Blick muss sich auf Landschaften als Ganzes richten und darüber hinaus. Die von den IPBES-Autoren geforderte Nexus-Orientierung soll diese Perspektive öffnen. So können auch die zahlreichen Verbindungen zwischen Naturschutz und Landnutzung besser erkannt und aufeinander abgestimmt werden. Die Vorkämpfer des Ersteren sahen ihre Hauptaufgabe lange in der Abgrenzung. Bewahren durch trennen. Während sich der Mensch ausbreitet, räumt man der Natur Reservate ein, in denen sie weitgehend ungestört überleben darf. Kein optimaler Weg. Selbstverständlich sind Nationalparks und ähnliche Schutzgebiete ein wichtiges Mittel zum Erhalt der Biodiversität, eine zu starke

Fixierung darauf ist jedoch problematisch. Da wären einerseits die Risiken der Isolation. Wenn seltene Pflanzen und Tiere nur noch in einigen wenigen Refugien existieren können, droht diesen Restpopulationen die bereits beschriebene genetische Verarmung. Auf der anderen Seite hat die Ausweisung von Reservaten schon des Öfteren die lokale Bevölkerung in Bedrängnis gebracht. Ziel Nummer drei, wonach Naturschutz und Renaturierung an Land positiv zum menschlichen Wohlbefinden beitragen müssen, wird damit klar konterkariert. Wir brauchen also einen erweiterten Ansatz.

Lösung zu Herausforderung 3: Renaturierungen für Mensch und Biosphäre

Diese Erkenntnis selbst ist nicht neu. Die UNESCO startete 1971 ihr Programm »Man and the Biosphere« (MAB – Mensch und Biosphäre), dessen Zweck es ist, die Beziehung zwischen beiden zu verbessern. Ein globales Praxis-Projekt, gekoppelt mit angewandter Wissenschaft. Die Umsetzung erfolgt in eigens eingerichteten Biosphärenreservaten – »lernende Orte für nachhaltige Entwicklung«, wie die UNESCO sie selbst nennt. Momentan, Stand Januar 2021, gibt es weltweit 714 solcher Gebiete, in 129 Staaten. Sie umfassen Inseln und Gebirgszüge, Seenplatten und Flusstäler. In Deutschland sind der Spreewald und die Schwäbische Alb prominente Beispiele, in Österreich der Wienerwald. Das Konzept hinter den Reservaten setzt ausdrücklich auf eine Verbindung von Naturschutz und wirtschaftlicher Nutzung. Letztere schließt nicht nur Land- und Forstwirtschaft sowie Fischerei, sondern auch in der jeweiligen Region verwurzeltes Handwerk und natürlich den Tourismus mit ein. Die kulturelle Identität der Bevölkerung spielt ebenfalls eine wichtige Rolle. Mensch,

Natur und Landschaft werden als Einheit betrachtet. So lassen sich Synergien fördern. Nexus-Orientierung in Aktion.

Das MAB-Programm kann vielerlei Erfolge aufweisen, auch wenn diese meist nur klein und örtlich begrenzt sind. Ihre Vorbildfunktion wird dadurch allerdings nicht geringer. Teilprojekte der einzelnen Biosphärenreservate werden bewusst an den nachhaltigen Entwicklungszielen (SDG) der Vereinten Nationen ausgerichtet. So hat man auf der dänischen Ostseeinsel Møn, welche seit 2017 auf der Liste steht, damit begonnen, Bäche, Seeufer und Feuchtwiesen zu renaturieren. Hauptnutznießer sollen die regionalen Hecht- und Meerforellen-Populationen sein. Die Fische haben durch frühere Landschaftseingriffe viele ihrer Laichplätze und Kinderstuben verloren. Forellen brauchen zur Vermehrung naturnahe Bäche mit sauberen, nicht verschlammten Kiesböden; Hechte dagegen sind auf ruhige Flachwasserzonen angewiesen. Von Frühlingshochwasser geflutetes Grasland ist ideal. Beide Fischarten haben traditionell einen hohen fischereilichen Wert. Møn, ein sehr ländlich geprägtes Eiland mit nur 9.200 Einwohnern, setzt zudem verstärkt auf Angeltourismus als Wirtschaftsfaktor. Sportfischer aus ganz Europa sollen die Inselökonomie ankurbeln und tun dies zum Teil schon heute. Das bringt Einkommen. Schutz und Renaturierung der Gewässer tragen dadurch entscheidend zur lokalen Umsetzung von SDG 8 (menschenwürdige Arbeit und Wirtschaftswachstum) bei. Gleichzeitig werden SDG 12 (verantwortungsvoller Konsum und Produktion) und SDG 14 (Leben im Wasser) gefördert. Die Biodiversität an Land profitiert quasi nebenbei. Møn liegt mitten auf einer wichtigen Vogelzug-Route. Flachwasser und Feuchtwiesen bieten den fliegenden Wanderern optimale Rastplätze.

Ein kaum beachtetes, aber bahnbrechendes Projekt ist das Tsá-Tué-Biosphärenreservat im Nordwesten Kanadas. Es wurde 2016 als Erstes seiner Art vollständig von der dortigen indigenen Bevölkerung konzipiert und wird komplett von ihr verwaltet. Das Gebiet umfasst den riesigen Great Bear Lake, zu Deutsch Großer Bärensee, plus die angrenzenden Landstriche. Dem Volk der Sahtuto'ine Dene hat die Einrichtung des Reservats und die damit verbundene Selbstverwaltung weitgehende Autonomie eingebracht. Eine Verwirklichung von SDG 12, sprich Ungleichheit reduzieren. Der vom Steuerungskomitee erarbeitete ökologische Managementplan gilt auch der UNESCO als wegweisend. Leider jedoch ist Tsá Tué ein Einzelfall. Weltweit werden Indigenen auch beim Naturschutz Grundrechte versagt. Mitbestimmung über ihre Heimat und deren Ressourcen muss oft hart erkämpft werden – wenn sie überhaupt gewährt wird. Dennoch tragen indigene Völker und lokale Gemeinschaften in rund 40 Prozent aller Schutzgebiete und ökologisch intakten Landschaften zu deren Erhalt bei. Mancherorts sind sie praktisch die einzige Schutzmacht der Biodiversität. In Brasilien liegen einige indigene Territorien inzwischen wie grüne Inseln in einem Meer aus Agrarland. Die ursprünglichen Bewohner werden regelmäßig von Landräubern bedrängt. Würden Erstere weichen, verschwände der Wald. Die Stärkung dieser Gemeinschaften gehört deshalb ganz oben auf die Agenda.

Meistens sind die Nöte der indigenen Gruppen das Ergebnis von Korruption und schlechter »Governance«. Es gibt dann zwar Gesetze, die ihre Belange berücksichtigen, diese aber werden nicht oder nur mangelhaft befolgt. Ähnliches betrifft auch Naturschutzgebiete selbst. Eine konsequente Durchsetzung der Vorschriften scheitert zudem oft an Personalmangel. Viele Nationalparks haben zu wenige und häufig nur schlecht ausgerüstete Ranger. Das bietet Wilderern und Holzdieben Angriffsmöglichkeiten. Um dieses Problem wirksam zu bekämpfen, muss schlicht mehr Geld in die Hand genommen werden. Selbstverständlich brauchen ärmere Staaten dazu Unterstützung aus wohlhabenden Ländern – schließlich geht es darum, unser gemeinsames Naturerbe zu retten. Global operierende Organisationen wie der WWF setzen diesen Gedanken bereits seit Jahrzehnten in die Tat um, doch die Lücken sind noch zu groß. Es bräuchte mehr internationales Engagement auf Regierungsebene, zum Beispiel über die Entwicklungshilfe. Extrem wichtig ist dabei allerdings die Bekämpfung der Armut vor Ort, verbunden mit dem Überwinden neokolonialistischer Attitüden. Wer das Geld hat, hat nicht automatisch die Wahrheit gepachtet. Echte Kooperation führt zu mehr und vor allem beständigerem Erfolg, wie wir später noch sehen werden.

Ökologische Infrastruktur statt Flurbereinigung
Wir Europäer haben auch genug vor der eigenen Haustür zu kehren. Deutschland wollte bis 2020 5 Prozent seiner Waldflächen aus der Bewirtschaftung herausnehmen und einer natürlichen Entwicklung überlassen. Realisiert wurden nur 3 Prozent. Was für ein Armutszeugnis. Nicht mal ein Zwanzigstel kann man freigeben. Bei den Naturschutzgebieten insgesamt sieht es kaum besser aus, und zwischen den Reservaten schreitet die Verödung fort.

> Der Artenschwund wird sich nur durch Ausweitung der Schutzzonen einerseits und der naturnahen Gestaltung von Kulturlandschaften andererseits stoppen lassen.

Zu lange schon leiden Letztere unter einem regelrechten Optimierungswahn. Der Sündenfall war diesbezüglich wohl die klassische Flurbereinigung der 1950er- bis 1980er-Jahre. Sie sollte in erster Linie die Produktionsbedingungen der Landwirtschaft verbessern und die ländliche Entwicklung vorantreiben. Es war eine Modernisierung mit der Brechstange. Das Zusammenlegen von Grundstücken ging mit dem massenhaften Roden von Hecken, Hainen und Feldbäumen einher. Feuchtgebiete wurden trockengelegt, Bäche begradigt, Wassergräben unterirdisch verrohrt. Was übrig blieb, war eine »nackte Maschinensteppe«, wie sie der Autor Dieter Wieland in seinem Dokumentarfilm »Grün kaputt« von 1983 nannte. Nun also gilt es, diese Schäden zu beheben – ein finanzieller und vermutlich auch politischer Kraftakt, aber technisch kein Hexenwerk.

Experten fordern den Neuaufbau einer »ökologischen Infrastruktur«. Biotope müssen wieder miteinander vernetzt werden, damit Flora und Fauna mobil bleiben. »Wenn ich zum Beispiel eine Hecke in Kombination mit einem Waldsaum und einem blühenden Ackerrandstreifen habe, dann ist das eine ideale Insektenautobahn,« erklärt IPBES-Co-Direktor Josef Settele. Fachleute verwenden solche Bezeichnungen gerne auch deshalb, weil sie wegwollen vom Öko-freak-Image. »Infrastruktur war früher nur grau«, meint Settele. »Durch diese Neudefinition erfährt der Begriff eine positivere Ausrichtung und verschafft uns in der Diskussion Gehör.« Sprache prägt die Wahrnehmung. Mittlerweile ist »ecological engineering«, die ökologische Ingenieurskunst, zu einer eigenständigen Disziplin erwachsen. Man repariert die Natur ganzer Landschaftsteile und erzielt dabei nicht selten verblüffende Erfolge. Vor allem jenseits des Trockenen.

Renaturierte Gewässer statt Kanäle und Dämme
Ökologische Infrastruktur ist selbstverständlich auch ein Wasserthema. In einzelnen Süßwassersystemen greift der Biodiversitätsverlust bis zu fünf Mal schneller um sich als anderswo. Was Flurbereinigung und industrielle Agrarwirtschaft an Land bewirkten, richteten Energiegewinnung und Kana-

lisierung in Gewässern an. Ein Großteil der europäischen Flüsse ist so zu übergroßen Abflussrinnen verkommen, eingezwängt in Korsetts aus Dämmen und Steinschüttungen. Alle paar Kilometer unterbrechen Staustufen ihren Lauf. Für die Schifffahrt mag das ideal sein, doch die Natur leidet gewaltig unter dieser Regulierung. Die meisten Fischarten der oberen Flussbereiche zum Beispiel sind Kieslaicher, die ihre Eier im lockeren Gewässergrund ablegen. In Staustufen indes verstopft Schlamm die Lücken im Kiesbett, wodurch die Gelege ersticken. Viele Insektenlarven, Kleinkrebse und anderes Getier gehen ebenfalls zugrunde. An den begradigten, künstlich aufgeschütteten Ufern fehlen schützende Lebensräume für Jungfische, und auch das Nahrungsangebot ist oft eingeschränkt. Die Dämme selbst sind für Wasserbewohner unüberwindbare Hindernisse.

Die Haupteigenschaft von Fließgewässern, nämlich dass jedes von ihnen ein Kontinuum ist, eine Lebensader, die verschiedene Teile einer Landschaft und Landschaften untereinander verbindet, wird durch die Verbauung zutiefst beeinträchtigt.

Viele Menschen nehmen dieses Problem nicht mal ansatzweise wahr. Sie stehen am Ufer und freuen sich vielleicht über das, dank Kläranlagen, wieder saubere Wasser. Alles in Ordnung, oder? Nein, weit davon entfernt.

Inzwischen aber sind an manchen Flüssen und Bächen erneut die Bagger angerückt – diesmal im Dienst des Naturschutzes. Und die Erfolge können sich sehen lassen. So drohte der Szigetköz, der Kleinen Schüttinsel im Nordwesten Ungarns, noch vor knapp 30 Jahren eine ökologische Katastrophe. Das fein verzweigte Netz aus Donauarmen und deren Auwäldern drohte auszutrocknen. Durch den Bau des Gabčíkovo-Stausees auf der slowakischen Seite der

Grenze war die Wasserführung radikal geändert worden. 1995 griff die ungarische Regierung ein. Man baute eine Schwelle am Anfang des Hauptarmes und leitete so Wasser in die kleineren Rinnen der Auwälder um. Die Natur begann, sich schnell zu erholen. Später mit den slowakischen Nachbarn geschlossene Verträge regeln heute die zusätzliche Zufuhr von Wasser aus dem Gabčíkovo-Stausee – künstliche Frühjahrsfluten inklusive. Keine Ideallösung, aber immerhin eine funktionierende. Das Naturparadies beherbergt jetzt wieder rund 260 verschiedene Vogelarten, mehrere Seeadler-Brutpaare, zahlreiche Fischotter und eine prosperierende Biber-Population. Ein einfacher Damm an der richtigen Stelle hat's möglich gemacht.

Etwas schwieriger war dagegen die Renaturierung der Unteren Traisen in Niederösterreich. Dieser Fluss, der gut 40 Kilometer nordwestlich von Wien in die Donau mündet, wurde in den 1970ern beim Bau des Kraftwerks Altenwörth verlegt und verlief ab da in einer fast geraden Rinne; ein hässliches, biologisch verarmtes Gewässer. Nicht jeder wollte diesen Zustand akzeptieren. 1999 legten Fachleute erste Pläne für eine Wiederbelebung vor, 14 Jahre später, im Sommer 2013, begannen die Bauarbeiten. Der Aufwand war enorm. Um ein neues, schlängelndes Flussbett mit Nebenarmen zu schaffen, mussten rund 1,4 Millionen Kubikmeter Kies ausgehoben werden. Die Gesamtkosten von ungefähr 30 Millionen Euro wurden zum Teil über Finanzmittel aus dem EU-Förderprogramm »Life+« gedeckt. Es hat sich gelohnt. Das Projekt wurde 2016 vollendet, und aus der Unteren Traisen erwächst seitdem ein ökologisches Juwel. Bei der Neugestaltung wurde bewusst auf die Entstehung vieler verschiedener Teilbiotope und Habitatstrukturen geachtet. Dazu gehören unter anderem die unbefestigten Steilufer. Unter natürlichen Bedingungen sind sie das Ergebnis veränderlicher Strömung.

Das Wasser nagt am Ufer; ein Teil davon stürzt ein; zurück bleibt eine nackte Abbruchkante. Solche »Flussklippen« sind die Brutplätze von Eisvögeln und Uferschwalben. Beide graben darin ihre Nisthöhlen, ebenso wie diverse Wildbienenarten. An der Unteren Traisen wurden die Steilufer zunächst künstlich geschaffen. In Zukunft kann sie der Fluss selbst erweitern.

Auch Fischen hat das renaturierte Gewässer offenbar viel zu bieten. Einige bis dahin verschwundene Spezies tauchten sogar noch vor Bauende wieder auf. Stillwasserbewohner wie die Karausche (*Carassius carassius*) und der Bitterling (*Rhodeus amarus*) besiedelten umgehend die neu ausgehobenen »Altarme«. Beeindruckend, wie schnell die Natur zu reagieren vermag. Im Herbst 2018 fingen Biologen bei einer Probebefischung einen 113 Zentimeter langen Huchen (*Hucho hucho*), auch Donaulachs genannt. Das Tier durfte sofort wieder schwimmen. Woher genau der seltene Großfisch gekommen war, ist unklar. In Niederösterreich fanden allerdings schon mehrfach Maßnahmen zugunsten des Huchens statt, darunter ein überaus gelungenes Life+-Projekt an der Pielach, weitere 50 Kilometer donauaufwärts der Traisen-Mündung. Dort können die Fische wieder frei wandern und laichen. Eine ähnliche Erfolgsgeschichte melden Fachleute aus Nordrhein-Westfalen, Deutschland. Die Lippe, ein Nebenfluss des Rheins, wurde ebenfalls neu aufgewertet. Jetzt beherbergt er streckenweise doppelt so viele Fischarten wie vor der Restrukturierung. Die Fischmenge nahm im Schnitt um das Dreieinhalbfache zu[19], und jedes Jahr wandern wieder Neunaugen – urtümliche, aalähnliche Tiere – zur Eiablage den Fluss hoch. Weiter westlich, in den Niederlanden, werden seit 1993 im Millingerwaard am Rheinufer nahe Nijmegen schrittweise rund 700 Hektar *nieuwe natuur* (neue Natur) eingerichtet. Hier wächst bereits die einst fast ausgestorbene

Schwarzpappel (*Populus nigra*), deren Samen nur nach einer Überströmung keimen.

Obige Beispiele belegen eindrucksvoll, dass Renaturierung wirkt.

Wichtig ist allerdings, Ökosysteme als Ganzes zu erkennen und Verzahnungen zu berücksichtigen. Die Verbindungen zwischen Land und Wasser spielen dabei eine häufig unterschätzte Rolle.

Für diverse Tier- und Pflanzenarten sind die Übergangszonen der einzige Lebensraum, oder sie benötigen diese Bereiche für einen Teil ihres Lebenszyklus, siehe die Hechte von Møn. Des Weiteren haben Sümpfe, Röhrichte und dergleichen eine enorme Reinigungswirkung. Die dicht bewachsenen Feuchtbiotope entziehen ihren angrenzenden Gewässern massig Nährstoffe. Das macht Schilf & Co. zu Hauptverbündeten im Kampf gegen Wasserverschmutzung. Pflanzenkläranlagen funktionieren genau nach diesem Prinzip.

Lösung zu Herausforderung 4: Süßwasserressourcen durch Innovation und Entwicklungshilfe schonen

In weiten Teilen der Welt nimmt die täglich anfallende Abwassermenge stetig zu, und leider wird das meiste davon nicht oder nur mangelhaft gereinigt. Hinzu kommt der Düngerüberschuss aus der Landwirtschaft. Dementsprechend stark schlägt vielerorts die Eutrophierung durch. Sollte Herausforderung Nummer vier der IPBES-Liste gemeistert und die Süßwasserressourcen der Erde für Natur und Mensch erhalten bleiben, muss man Feuchtgebiete und Ufervegetation schützen. Und renaturieren. Auf Dauer indes wird das nicht reichen. Die Welt braucht dringend mehr Kläranlagen, vor allem in den Entwicklungsländern. Ein derartiges Aufbauprogramm ist selbstverständlich auch Aufgabe der wohlhabenden Staaten. Ohne ihre technische und finanzielle Unterstützung wird es nicht gelingen.

Die Zukunft der Süßwasserressourcen hängt zusätzlich von der Landwirtschaft, der Industrie und dem Energiesektor ab. Erstere ist für 70 bis 84 Prozent des globalen Wasserverbrauchs verantwortlich. Die Einsparungspotenziale sind erheblich. Vor allem durch ineffiziente Bewässerung gehen riesige Mengen des kostbaren Nasses verloren. Auch hier gibt es technische Lösungen, die jedoch für viele Bauern einfach zu teuer sind. Zudem fehlt es oft an Know-how – ein weiteres Arbeitsfeld für verbesserte Entwicklungshilfe. Wissen und zielgenau investiertes Geld können diese Probleme zumindest weitgehend beheben. Der große Unbekannte in dieser Gleichung ist allerdings der Klimawandel. Er wird die Wasserknappheit in vielen ohnehin schon trockenen Region zusätzlich verschärfen. Inwieweit dort dann noch Landwirtschaft möglich ist, lässt sich zurzeit kaum vorhersagen.

Kraftwerke
Rund 15 Prozent der weltweiten Süßwasserentnahmen gehen aufs Konto der Energieerzeugung. Das meiste fließt als Kühlwasser durch Kraftwerke und ist damit de facto nicht verloren, dessen Erhitzung aber führt nach Rückführung in Flüsse und Seen zur sogenannten thermischen Verschmutzung. Wärmeres Wasser enthält weniger gelösten Sauerstoff. Das belastet die Ökosysteme und verschärft die Folgen von Überdüngung. Technische Verbesserungen könnten Abhilfe schaffen. So ließen sich, unter anderem durch Luftkühlung, die Wasserentnahme um knapp drei Viertel und die thermische

Verschmutzung um gut 40 Prozent verringern. Es müsste nur umgesetzt werden.

Der konsequente Ausbau von Wind- und Solarenergie würde den Wasserbedarf deutlich weiter senken.

Last but not least: die Wasserkraftwerke. Sie mögen relativ sauberen Strom produzieren, die bereits genannten Schäden an den Fließgewässern sind meist inakzeptabel. Zu deren Beseitigung oder spürbarer Linderung bräuchte es mehrere Maßnahmen. Um die lineare Durchgängigkeit für große und kleine Wasserbewohner wiederherzustellen, muss jede Staustufe (und jedes vergleichbare Hindernis) mit geeigneten Passagen ausgestattet werden. Frühere »Fischtreppen« waren oft hoffnungslose Fehlkonstruktionen; zu eng, strukturarm, und an den falschen Stellen platziert. Durch den geringen Durchfluss kam kein vernünftiger Lockstrom zustande, die Fische konnten den Eingang kaum finden. In vielen Gewässern sind solche mangelhaften Aufstiegshilfen noch immer in Betrieb – wenn es überhaupt welche gibt. Die Forschung indes hat sich des Themas angenommen. Inzwischen wissen Fachleute ziemlich genau, wie optimale, der jeweiligen Situation angepasste Durchgänge auszusehen haben. Sie berücksichtigen zunehmend auch die kleineren Organismen wie Krebse und Würmer. Weiträumige Umgehungsrinnen, die wie natürliche Flussarme gestaltet werden, sind ideal. Es geht zudem nicht nur um den Fischaufstieg. Allein in Deutschland töten Kraftwerksturbinen alljährlich Tausende flussabwärts wandernde Aale, Junglachse und andere Flossenträger. Diesen Aderlass könnte man über den Einbau von Feinrechen und Ableitsystemen beenden.

In einigen Fällen allerdings dürfte die ökologische Sanierung wirtschaftlich unrentabel sein. Da hilft dann wohl nur der Abriss.

Als Ersatz für herkömmliche Stauwehranlagen kämen naturfreundliche Strömungskraftwerke infrage, die nicht die ganze Breite des Flusses in Anspruch nehmen, sondern in seinen freien Verlauf integriert sind.

Wie frühere Radwassermühlen ohne Dämme. Ihre Leistung ist selbstverständlich geringer, doch als Teile dezentraler, regionaler Energienetzwerke könnten sie durchaus eine tragende Rolle spielen. Die existierenden Staustufen müssen derweil ihre Abflussregime neu justieren oder ihre Bauwerke erweitern. Bisher wird der Wasserdurchlass und damit die Stromerzeugung gern am Verbrauch ausgerichtet. Dieser schwankt im Tagesverlauf erheblich. So kommt es an manchen Flüssen, vor allem im Alpenraum, zu künstlichen Gezeiten. Der Pegel steigt, der Pegel fällt, je nach Strombedarf, und das sehr schnell und mitunter mehrfach täglich. »Schwall-Sunk«, nennen Fachleute diesen Effekt. Für die Wassertiere ist das ständige Auf und Ab ein Albtraum. Werden die Fluten in Zwischenspeicher-Becken mit langsamem Abfluss oder in Seen aufgefangen, beseitigt das die Störungen. Die Wasserführung des Flusses bekommt wieder einen halbwegs naturähnlichen Verlauf.

Lösung zu Herausforderung 5: bessere Fischereimethoden, Regionalität und Meeresreservate

Gesunde Gewässer sind für die Menschheit auch eine reichhaltige Nahrungsquelle. Europäer essen heutzutage nur noch wenig Süßwasserfisch, in vielen asiatischen, afrikanischen und südamerikanischen Regionen dagegen rangiert er auf den Speiseplänen ganz weit oben. Der Fischfang ist oft tief in der lokalen Kultur verwurzelt, die Kambodschaner und ihr Tonle Sap sind dafür nur ein Beispiel unter vielen. Über 12 Prozent der globalen Fischereierträge stammt aus Flüssen und Seen sowie knapp zwei Drittel der gesamten Aquakultur-Produktion. Diese Kapazitäten müssen unbedingt erhalten und, wenn in nachhaltiger Weise möglich, ausgebaut werden.

Süßwasserfisch kann sogar dabei helfen, Herausforderung Nummer fünf auf der IPBES-Liste zu bewältigen. Soll die Nahrungsmittelgewinnung aus dem Meer mit dem Schutz der Biodiversität in Einklang gebracht werden, braucht es ein Ende der Überfischung. Dieses Problem ist zum Teil eine Folge unserer modernen, »westlichen« Vorlieben. Der heutige Konsument bevorzugt in Sachen Fisch meist Normware. Die Produktanforderungen sind simpel: Filets müssen es sein, grätenfrei natürlich, und möglichst weißfleischig oder lachsrot. Ende der Durchsage. Und der Geschmack? Ach ja, da war noch was. Erstaunlicherweise scheint der für viele Menschen nur eine untergeordnete Rolle zu spielen. Hauptsache mild, lieber nicht zu fischig. Und so werden die Supermarkttiefkühlfächer vollgepackt mit Fischstäbchen, Zuchtlachs, Pangasius und »Schlemmerfilets« aus Alaska-Seelachs. Kulinarische Tristesse.

Der Fisch auf unseren Tellern muss allerdings nicht aus dem Nordpazifik oder vietnamesischen Zuchtanlagen kommen. Es wäre höchste Zeit für die Neuentdeckung eines alten Bekannten: der Karpfen, zoologisch *Cyprinus carpio*. Angehörige älterer Generation können noch aus eigener Erfahrung über diese sagenhafte Kreatur berichten. Sie erzählen vom oftmals gefürchteten Weihnachtskarpfen, der in wabblig blaugedünsteter Form wohl zahllose Festessen vergällt hat. Zuvor wurden die Fische häufig tagelang in der Badewanne gehalten. Die anschließende Schlachtung des neuen Haustiers versetzte Tausende Kinderseelen in Schockzustand. Interessant, wie stark das kollektive Gedächtnis sein kann. Karpfen wird heutzutage in den meisten Teilen Europas kaum noch gegessen, die Karpfenzucht indes hat auf unserem Kontinent eine große Tradition. Entwickelt wurde sie hier ab dem Mittelalter vor allem von christlichen Mönchen, die auch in der Fastenzeit gerne schlemmen wollten. Eine kluge Idee. Der Karpfen ist tatsächlich eine Delikatesse – vorausgesetzt, er wird gekonnt zubereitet. Dasselbe gilt übrigens für viele andere Süßwasserfische wie Brachsen, Rotaugen und Schleien, auch sie haben inzwischen einen schlechten Ruf. Grund sind vor allem ihre Gräten.

In den Einkaufsratgebern von Greenpeace und dem WWF jedoch bekommt der Karpfen seit Jahren das Prädikat »unbedenklich«. Zu Recht. Die muskulösen Fische sind Allesfresser und überaus genügsam. Im Gegensatz zu Lachsen und Forellen benötigen sie kein Futter auf Fischmehlbasis. Besonders umweltfreundlich ist die Karpfenzucht in extensiver Teichwirtschaft, so wie sie seit Jahrhunderten unter anderem in der Oberpfalz, in Böhmen und im Waldviertel praktiziert wird. Man hält die Tiere unter naturähnlichen Bedingungen mit weiteren Fischarten zusammen. Die Teiche bieten den Karpfen natürliche Nahrung, wodurch sie nur wenig Zufütterung, in der Regel nur etwas Getreide, brauchen. Dieser traditionelle Wirtschaftszweig hat noch einen zusätzlichen Vorteil: Durch die Anlage der vielen künstlichen Gewässer sind ökologisch wertvolle Kulturlandschaften entstanden. In der Oberlausitz bilden sie das Herzstück des dortigen Biosphärenreservats.

Natürlich wird man das Problem der weltweiten Überfischung nicht mit idyllischen Karpfenteichen lösen können. Wenn wir aber unseren Fischkonsum diversifizieren und zumindest teilweise regionalisieren, kann dies den Druck auf Dorsche und Thunfische lindern. Die Nachfrage macht's. Für den möglichen Ausbau der Aquakultur lohnt sich ein genauerer Blick nach Ostasien. Die Chinesen haben die Karpfenzucht schon lange zur Perfektion gebracht. Sie betreiben grundsätzlich Polykultur, kombinieren mehrere Karpfenspezies mit unterschiedlichen Futterpräferenzen, und nutzen so sämtliche Ressourcen einer Teichanlage optimal aus. Sogar überflutete Reisfelder werden zur Fischzucht genutzt. Agrarökologische Effizienz fürs Lehrbuch.

Die Überfischung direkt anzugehen, ist Aufgabe der Politik. Sie muss Subventionen an ökologische Kriterien koppeln und Fangquoten anpassen. Die Festlegung Letzterer sollte ausschließlich nach wissenschaftlichen Maßstäben erfolgen – auch wenn das mit Blick auf unterschiedliche Interessengruppen nicht immer opportun erscheinen mag. In den meisten Fällen wird man um eine, mehr oder weniger drastische, Reduzierung von Fangmengen nicht herumkommen. Für die oft überdimensionierten Fangflotten ist das eine schlechte Nachricht. Sie werden schrumpfen und wohl auch Arbeitsplätze abbauen müssen. Es gibt aber keine Alternative. Viele Fischer sehen nicht ein, dass sie ihre eigene Existenzgrundlage zerstören sollen, und fischen, als ob es kein Morgen gäbe. Rausholen, was geht. Rainer Froese, Fischereibiologe am Forschungsinstitut GEOMAR in Kiel, hat dafür deutliche Worte. »Man muss die Gier kontrollieren«, betont er. In der EU sei man langsam auf dem richtigen Weg. Die Population der Scholle (*Pleuronectes platessa*) in der Nordsee zum Beispiel hat sich deutlich erholt, erklärt Froese. Der Grund für diese erfreuliche Entwicklung war vor allem eine Verkleinerung der niederländischen Kutterflotte.

In der Zukunft können rigorose Fangbegrenzungen nicht nur Erträge sichern, sondern sogar steigen lassen, wie Rainer Froese erläutert. »Bei den meisten Beständen kann man jährlich 10 bis 20 Prozent herausnehmen.« Ohne Einbrüche. Und 20 Prozent einer gesunden Population seien nun mal mehr als 50 Prozent eines überfischten Bestandes. Auch die zurzeit gängigen Kennzahlen wie der MSY, *Maximum Sustainable Yield* (maximaler nachhaltiger Ertrag), dürften an einem optimalen Fischereimanagement vorbei zielen. Sie sind die Entscheidungsgrundlagen für die Festlegung von Fangquoten, liegen jedoch nach Meinung vieler Experten zu hoch. Modellrechnungen zufolge sollten die tatsächlich gefangenen Fischmengen nicht mehr als 50 bis 80 Prozent des MSY betragen[20]. Das würde zu einem langfristigen Wachstum der Populationen führen und den Fischern ein besseres Einkommen bieten. Abgesehen davon müsse man endlich damit aufhören, »Babyfische zu fangen«, sagt Froese. Die Mindestmaße für die Entnahme seien meist viel zu niedrig angesetzt. Kabeljau, *Gadus morhua*, gilt in der Nordsee ab 35 Zentimetern Länge als fangfähig. Es müssten 70 Zentimeter sein, meint der Forscher. Dann haben die Tiere ihre maximale Wachstumsgeschwindigkeit erreicht und zwei bis drei Mal abgelaicht. Schluss mit den Mini-Filets also. Nebenbei bemerkt: Je größer ein Fischweibchen ist, desto mehr Eier produziert es. Dicke Dorschdamen sind eine Investition in die Zukunft.

Beifang durch neue Ansätze verringern
Der Schutz von marinen Ressourcen und Biodiversität hängt auch an der Bekämpfung der Beifangproblematik. Jedes Jahr enden unzählige Meerestiere als »Kollateralschaden« der kommerziellen Fischerei. An Langleinen hängen nicht nur Thunfische oder Barsche, sondern auch Seevögel, Schildkröten und Haie. In Bodenschleppnetzen werden Krebse, Seeigel und Kleinfische massenweise an Bord gehievt, schwebende Stellnetze können sogar Walen zum Verhängnis werden. Für die Fischer ist die ungewollte Beute oft mehr als nur lästig.

Sie frisst ihnen die Köder weg und füllt die Fanggeräte mit wirtschaftlich wertlosem Getier. Ein ökologischer und ökonomischer Dauerverlust.

Seevögeln wie den Albatrossen wird ihr Fressverhalten zum Verhängnis. Die Tiere haben gelernt, Fangschiffen zu folgen, um deren Fischabfälle einzusammeln. Wenn die Langleinen ausgebracht werden, tauchen sie oft den Ködern hinterher, bleiben an den Haken hängen und ertrinken jämmerlich. Beim Einholen von Schleppnetzen fallen hektisch herumfliegende Vögel leicht den Kabeln zum Opfer. In der südafrikanischen Seehecht-Fischerei kamen so alljährlich an die 15.000 Albatrosse um.

Ein einfacher und preisgünstiger Kniff beendete das sinnlose Sterben: Heute sind die Seile mit bunten Bändern ausgestattet. Die Mortalität der Vögel ist dadurch um bis zu 95 Prozent gesunken[21].

Schreckschnüre kommen auch in der Langleinen-Fischerei zum Einsatz, ebenso wie andere Maßnahmen. Die Ergebnisse sind indes noch nicht zufriedenstellend. Niederländische Spezialisten entwickelten den »Seabird Saver«, ein System aus Laserstrahlern und Lautsprechern, welches die Tiere vertreiben soll. Die Methode hat ihre Praxistauglichkeit schon unter Beweis gestellt, es bestehen allerdings noch Bedenken wegen des eventuellen Risikos von Sehschäden für Vögel und Fischer.

Bei Fischen ist die Lage komplexer. Wertlose Arten und zu kleine Exemplare werden umgehend zurück ins Wasser geworfen. Die meisten überleben trotzdem nicht. Sie werden zu stark gequetscht und verletzt. Diese unkontrollierten Verluste bereiten dem Fischereimanagement enorme Schwierigkeiten. Für viele belgische, niederländische und englische Kutterkapitäne zum Beispiel ist die Seezunge der wichtigste Zielfisch. Der aber teilt seinen Lebensraum mit zahlreichen

Jungschollen, die ebenfalls in den Trawls landen. Bis 2015 ging deshalb rund die Hälfte des gesamten Schollenfangs in der Nordsee als Beifang über Bord. Um solcher Verschwendung Einhalt zu gebieten, hat die EU eine Anlandepflicht für alle gefangenen Fische erlassen. Seitdem müssen Fischer für die jeweiligen Beifang-Arten über eine eigene Fangquote verfügen. Die ist mitunter schnell erfüllt. Wer also mit Schleppnetzen hinter dem Dorsch her ist, kann keine Schollen oder Flundern gebrauchen. Beide haben einen geringeren Marktwert, und sie blockieren schnell die Netzmaschen. Das wiederum erhöht den Zugwiderstand, was zu einem vermehrten Treibstoffverbrauch führt. Die Plattfische versperren zudem untermäßigen Dorschen den Fluchtweg. Eine sehr unbefriedigende Situation, für alle Beteiligten.

»Die beste Selektion findet unter der Wasseroberfläche statt«, meint Daniel Stepputtis vom Thünen-Institut für Ostseefischerei in Rostock. Dementsprechend sollten die unerwünschten Plattfische erst gar nicht in den »Steert« gelangen, das Endstück eines Schleppnetzes, in dem sich der Fang sammelt. Aber wie das verhindern? Zusammen mit fünf Kollegen hat Stepputtis »Freswind« entwickelt. Der Ansatz basiert auf dem Einbau von seitlichen Gitterfenstern im vorderen Netzbereich. Zwischen den Stangen ist 38 Millimeter Platz – genug für Plattfische und sonstiges Getier, um seitwärts zu entkommen, doch nicht für die Dorsche. Das Konzept funktioniert. Mithilfe von Freswind lässt sich der Beifang von Schollen und Flundern um mehr als die Hälfte reduzieren[22]. Auch die kleinen Dorsche bleiben öfter außen vor. Die Naturschutzorganisation WWF hat die Erfindung mit einem Innovationspreis ausgezeichnet.

Und wieder zeigt sich: Es gibt Lösungen. Man muss sie nur erarbeiten.

In diesem Geiste dürften auch weitere Bedrohungen für die marinen Ressourcen zu bewältigen sein, darunter die Wasserverschmutzung. Zu große Mengen an Stickstoff und Phosphor lösen im Meer dieselben Schäden aus wie im Süßwasser. Europäische Touristen kennen sie vor allem als die gefürchteten Algenblüten in der Adria. Im Extremfall kann die Eutrophierung durch absinkende, verrottende Biomasse in tieferen Wasserschichten einen Sauerstoffkollaps auslösen. Dann entstehen die sogenannten Todeszonen, in denen außer Bakterien fast nichts überlebt. Anzahl und Ausdehnung solcher ökologischen Katastrophengebiete haben in den vergangenen Jahrzehnten zugenommen. Eines davon liegt im Golf von Mexiko vor der Südküste der USA und umfasst mittlerweile Tausende Quadratkilometer. Verursacher sind die Einträge aus dem Einzugsgebiet des Mississippi-Stroms – Dreck vom Land also, zu einem guten Teil aus der Viehzucht und dem Futtermittelanbau. Ein weiterer Fall von Fernkopplung.

Würde die Fleischproduktion verringert, könnte das marine Ökosystem aufatmen.

Anderswo auf der Welt muss der Fokus mehr auf Klärwerken und dem Erhalt von Feuchtgebieten liegen. Saubere Flüsse, saubere Meere.

Vernetzung sollte auch im direkten Fischereimanagement stärker berücksichtigt werden. Wandernde Arten wie Thunfische brauchen internationale Kooperationen und entsprechende Vereinbarungen. Die ökologischen Zusammenhänge unter der Wasseroberfläche bekommen bisher nur unzureichend Beachtung; ihre Auswirkungen reichen dafür umso weiter. So hat die Dezimierung nordatlantischer Kabeljaubestände in mehreren Regionen die Populationen verschiedener Krebstiere wie die Eismeergarnele (*Pandalus borealis*) deutlich anwachsen lassen. Die Erklärung dafür ist einfach: Es werden weniger »Shrimps« von den Raubfischen gefressen. Die Eismeergarnelen und weitere Krebse sind derweil selbst zu Grundlagen von blühenden und zum Teil durchaus nachhaltigen Fischereien geworden. Würde sich der Kabeljau erholen, müsste man dies in der Quotenfestlegung für Garnelen & Co. mit einplanen. Noch schwieriger dürfte die Einbeziehung des Klimawandels sein. Schon jetzt dringen jeden Sommer Makrelenschwärme entlang der norwegischen Küste bis weit nördlich des Polarkreises vor und treten dort in Nahrungskonkurrenz mit Seelachsen und anderen heimischen Fischarten. In der Nordsee haben inzwischen sogar einige eher mediterrane Spezies einen festen Wohnsitz gefunden. Wie genau sich diese Ökosysteme letztlich verändern werden, weiß niemand. Doch die Fischerei wird es spüren.

Meeresreservate fördern

Zur Hilfe kommen könnte ihr ausgerechnet ein Ansatz aus dem klassischen Naturschutz. Meeresreservate sind Fischern oft ein Dorn im Auge, weil sie diese als Einschränkung ihrer Tätigkeit betrachten. Klar: In den Sperrzonen müssen konsequente Fangverbote gelten. Nur so kann sich die Meeresfauna wieder komplett entfalten. Was dann passiert, lässt auch Fachleute regelmäßig ins Schwärmen geraten. Die Küstengewässer Mallorcas zum Beispiel sind, wie fast überall im Mittelmeer, chronisch überfischt. Schnorchler bekommen meistens nur Kleinzeug zu Gesicht, nicht selten wirkt das Unterwasserpanorama wie ein leer gefegter Ballsaal. Beim Tauchgang im Meeresschutzgebiet El Toro dagegen, noch keine 20 Kilometer südwestlich von Palma, zeigt sich ein komplett anderes Bild. Wohin man blickt, überall wimmelt es von Leben. Verschiedene Meerbrassen-Spezies suchen den Felsboden nach Essbarem ab; Lippfische schwimmen emsig umher und verteidigen ihre Territorien gegen Artgenossen. Zwischen mächtigen Geröllblöcken in etwa 20 Metern Tiefe haben Meerraben (*Sciaena umbra*) und ein paar Braune Zackenbarsche (*Epinephelus marginatus*) Unterschlupf gefunden. Diese Fische sind meist nachtaktiv, den Tag verbringen sie träge herumlungernd. Anderswo müssen sie sich ständig vor Speerfischern in Acht nehmen. Plötzlich erscheint ein Trupp junger Bernsteinmakrelen (*Seriola dumerili*). Goldene Streifen zieren ihre Köpfe – Kriegsbemalung, könnte man glauben. Die schwimmenden Raubritter stürzen sich auf einen Schwarm Kleinfische; ein atemberaubendes Schauspiel. So sieht es also im Mittelmeer aus, wenn der Mensch mal die Finger davon lässt.

»In den Reservaten gibt es eine sehr hohe Vielfalt«, wie Brad Robertson, ein seit vielen Jahren auf Mallorca lebender Australier, vor dem Tauchgang erklärt hat. Der Schutzstatus macht offenbar einen enormen Unterschied. Nirgendwo sonst in den mallorquinischen Gewässern trifft man so viel Fisch wie in El Toro und den anderen geschützten Gebieten. Robertson ist Mitgründer von *Save the Med*, einer unabhängigen Umweltorganisation, die sich für mehr Schutzzonen starkmacht. Davon würde auch die Berufsfischerei profitieren. Hintergrund ist der sogenannte *Spillover*-Effekt, zu Deutsch der Überlauf. Durch den fehlenden Fischereidruck können die Fischbestände in den Reservaten ungestört anwachsen. Bei steigenden Populationsdichten wandert ein Teil der Tiere ab und bevölkert die umliegenden Gewässer. Mehr Fisch, überall. Ein US-amerikanisches Forscherteam hat 2020 das Potenzial einer weltweiten, strategischen Vergrößerung der Meeresschutzgebiete ermittelt. Seine Berechnungen machen Hoffnung. Demnach könnte eine nur fünfprozentige Ausweitung ausreichen, um die globalen Fischereierträge mindestens 20 Prozent ansteigen zu lassen[23] – vorausgesetzt, man platziert die Zonen an den richtigen Stellen und nicht dort, wo sie politisch am leichtesten zu verwirklichen sind. Naturgesetze scheren sich nicht um lautstarke Interessengruppen.

Lösung zu Herausforderung 6: sinnvolle Flächennutzungspläne und Förderung von Koexistenzen

Das gilt selbstverständlich auch in *Homo sapiens'* modernen Kernterritorien: den Großstädten. Die stetig wachsenden Metropolen dieser Welt bei gleichzeitigem Erhalt der sie stützenden Ökosysteme und Artenvielfalt zu versorgen, will der Menschheit momentan so gar nicht gelingen. Sie versucht es auch nicht wirklich. Stattdessen leben die Städter von der Substanz anderer Regionen, siehe wieder die Fernkopplung. Praktisch alle zuvor angesprochenen Problemfelder bündeln sich hier wie im Brennglas. Zum Teil ist das unvermeidlich. Urbanisierung bedeutet schließlich Verdichtung. Wo sich Millionen Menschen auf engem Raum drängen, bleibt für wenig anderes Platz. Wasser, Nahrung und Energie müssen von außen zugeführt werden. Natürlich lassen sich manche Lebensmittel, vor allem Gemüse und Kräuter, in begrenzten Mengen auch in Städten produzieren. Beeindruckendes leisten unter anderem die Stadtfarmer von New York. Sie bauen auf ausgedehnten Flachdächern kommerziell Salat, Tomaten, Paprika und vieles mehr an. Zur Versorgung der Massen werden solche Projekte allerdings nie ausreichen. In Manila, der zurzeit am dichtesten besiedelten Metropole des Planeten, leben auf einem Quadratkilometer Fläche im Durchschnitt mehr als 46.000 Menschen. Bagdad und Mumbai haben beide über 32.000 Einwohner pro Quadratkilometer, und Paris bringt es immerhin auf gut 20.000 Personen. Da werden täglich

Tonnen an Nahrung benötigt – von den riesigen Wassermengen ganz zu schweigen.

Etwas anders sieht es bei der Energiezufuhr aus.

Europäische Großstädte könnten ihren gesamten Elektrizitätsverbrauch zumindest theoretisch über dachbasierte Solaranlagen decken.

Der praktischen Umsetzung dieser Idee stehen leider bauliche Einschränkungen, der Denkmalschutz und diverse andere Faktoren im Wege. Trotzdem ist hier noch reichlich ungenutztes Potenzial vorhanden, auch in den Entwicklungsländern. Eine weitere, kaum erschlossene Energiequelle schwappt in Strömen durch die Kanalisationen. Abwasser setzt, neben vielerlei Stinkendem, von Bakterien produziertes Methan frei. Aus den fauligen Dämpfen wird mancherorts schon Biogas gewonnen. Das Hamburger Zentralklärwerk hat seine Produktion 2020 um das Dreifache erweitert und speist nun Biogas in das städtische Gasnetz ein. Nach eigenen Angaben reicht die Menge für den Heizenergiebedarf von rund 5.700 Haushalten.

Ja, unser aller Ausscheidungen haben's wirklich in sich. Hochinteressant ist diesbezüglich auch die Phosphor-Rückgewinnung. Was früher – und vielerorts noch immer – die Eutrophierung ankurbelte, kann als Rohstoff für die Düngemittelherstellung dienen. Bisher stammt der dafür eingesetzte Phosphor hauptsächlich aus mineralischen Phosphaten, die in Minen abgebaut werden. Diese Vorkommen sind allerdings begrenzt. Abwässer und Klärschlamm jedoch stehen gerade in urbanen Ballungsräumen überreichlich zur Verfügung, und sie enthalten jede Menge Phosphorverbindungen. Die Rückgewinnung ist technisch machbar, an verfeinerten Verfahren mit verbesserter Wirtschaftlichkeit wird gearbeitet. Die Schweiz und Deutschland haben ein solches Phosphor-Recycling bereits gesetzlich verankert. In diesen Ländern ist die Rückgewinnung ab 2026 beziehungsweise 2029 zumindest für größere Kläranlagen Pflicht.

Der ökologische Fußabdruck der Metropolen hängt zu einem wesentlichen Teil von der Effizienz ihrer Infrastrukturen ab, und da spielen Straßen eine zentrale Rolle. Transport allgemein ist für rund ein Viertel des weltweiten Energieverbrauchs verantwortlich. Der größte Teil davon geht aufs Konto des Straßenverkehrs. Die Internationale Energieagentur (IEA) sagt eine Steigerung dessen Energiebedarfs um gut 40 Prozent bis 2040 voraus und eine fast ebenso große Zunahme der CO_2-Emissionen aus Verbrennungsmotoren. Das Problem der Dauerstaus, welches vor allem asiatische und afrikanische Megacitys heimsucht, muss dementsprechend konsequent angegangen werden. Hierfür bedarf es einerseits der Erweiterung des öffentlichen Nahverkehrs, gleichzeitig aber braucht die Stadtplanung einen neuen Blick auf den Straßenbau. Der orientierte sich nach dem Zweiten Weltkrieg hauptsächlich am Auto. In Neubaugebieten setzte man zudem vermehrt auf halb offene Straßenführung und »Sackgassensysteme«. Das sollte der Verkehrsberuhigung dienen. Leider haben derartige Konzepte lang anhaltende Nebenwirkungen. Straßennetze und städtische Grundrisse überdauern oft Jahrhunderte. Was jetzt gebaut wird, prägt die Zukunft. Weist die Straßenführung ein eingeschränktes Maß an Verbundenheit auf, verursacht durch einen hohen Anteil an T-Kreuzungen und Sackgassen, erhöht dies die Fahrstrecken und damit die Emissionen. Da sind rasterartige Netzwerke deutlich umweltfreundlicher.

Der momentane Trend indes geht in die entgegengesetzte Richtung. Einer globalen Analyse zufolge werden Neubaugebiete weltweit häufiger mit wenig verbundenen Straßennetzen ausgestattet[24]. Besonders auffällig sind dabei Viertel mit zirkulärer Straßenführung und die *gated communities*, in denen sich Wohlhabendere gerne von der restlichen Bevölkerung abgrenzen. Das Epizentrum dieser Entwicklung lag einst in den USA, doch just dort findet seit den 1990ern offenbar ein Umdenken statt. In Schwellenstaaten wie China oder Brasilien dagegen wird zunehmend mit geringer Konnektivität gebaut. Würde man stattdessen auf hochgradig verbundene Straßennetze setzen, könnte allein dies den vom motorisierten Verkehr verursachten Abgas-Ausstoß bis 2050 um knapp 9 Prozent verringern[25]. Die Stadtplanung macht den Unterschied. Urbane Verbundenheit kann auch sonst große ökologische Vorteile erbringen. Je näher Wohnorte und Arbeitsstätten beieinanderliegen, desto geringer die Wegstrecken. Dasselbe gilt fürs tägliche Einkaufen. Der lange Zeit beliebten Auftrennung von Wohngebieten, Bürovierteln, Innenstädten und Shoppingzentren gehört der Kampf angesagt. Pendeln ist Zeit- und Energieverschwendung. Stoppt die ständige Fahrerei.

Schlechte Planung treibt zudem die vielerorts grassierende Zersiedlung voran. Ganze Landschaften verkommen zu einem suburbanen Brei aus Bebauung, landwirtschaftlichen Restflächen und Straßen. Für Natur bleibt da kaum noch Platz. Die größten Probleme verursachen wuchernde Ballungszentren, wenn sie sich in Biodiversitäts-Hotspots ausbreiten – so wie zum Beispiel Kapstadt. Die südafrikanische Metropole liegt inmitten der sogenannten Capensis, dem kleinsten Florenreich der Erde, mit einer einzigartigen botanischen Vielfalt. Hier gedeihen Tausende verschiedene Pflanzenarten, die sonst nirgendwo auf Erden vorkommen. Ohne eine klare Trennung zwischen (potenziellen) Siedlungsarealen und der der natürlichen Vegetation vorbehaltenen Flächen werden viele dieser Spezies ihre Habitate verlieren. Kapstadts Bevölkerung wächst zurzeit um etwa 2 Prozent pro Jahr. Armut zwingt viele Menschen dazu, in Slumvierteln zu leben. Und die wachsen zum Teil gleichfalls rasant. Inzwischen wurden einige Naturreservate ausgewiesen, mitunter in direkter Nachbarschaft zu den informellen Siedlungen. Ob das ausreichen wird, ist ungewiss.

Biodiversität kann aber auch in Großstädten prosperieren, davon zeugen nicht nur Mumbais Leoparden. Die Wiener Südbezirke Favoriten und Simmering beherbergen ebenso eine Schar ungewöhnlicher Bewohner. Sie sind seit jeher die Heimat von Feldhamstern (*Cricetus cricetus*), einer in freier Wildbahn zunehmend stark gefährdeten Spezies. Die putzigen Nager bevorzugen normalerweise Steppen oder offene Feldlandschaften. Einst kamen sie in praktisch allen Tieflandregionen Mitteleuropas vor. Bauern verfolgten die Tiere als Schädlinge, nicht selten gaben Behörden dafür sogar Prämien aus. Vor ungefähr 40 Jahren begannen dann die ersten Populationen einzubrechen. Der Feldhamster wurde rar. Grund war allerdings nicht so sehr die Bekämpfung, sondern die Industrialisierung der Landwirtschaft – mal wieder. 2020 stufte die internationale Artenschutzorganisation IUCN *Cricetus cricetus* schließlich als »vom Aussterben bedroht« ein. Von der Rheinebene bis nach Sibirien: Fast überall herrscht Hamsterschwund.

In Wien dagegen fühlen sich die Tiere offensichtlich wohl. Die Stadthamster lebten früher wie ihre Artgenossen vom Lande auf Feldern und Äckern, bis die Bebauung quasi über sie hinweg zog. Sie blieben eben, und buddelten ihre Baue fortan in Parks, Gärten und Grünanlagen. Bis heute. Auch auf dem berühmten Zentralfriedhof wuseln sie herum. Die urbanen Nager haben zudem ihr Verhalten angepasst. Statt Getreide und andere Feldfrüchte sammeln sie nun Wurzeln und Beeren und fressen sich vor dem Winterschlaf anscheinend mehr Fettreserven an. Des Weiteren sind die Wiener

Hamster vor allem tagsüber aktiv. Sie haben sich an Menschen gewöhnt, und nachts sind vermutlich mehr Raubtiere unterwegs. Denn auch Füchse wissen mittlerweile die hohe Lebensqualität der Donaumetropole zu schätzen.

Es gibt viele weitere Fälle von erfolgreicher Koexistenz zwischen Flora, Fauna und Städten. Sogar ein Moloch wie Mexico City mit über 21 Millionen Einwohnern kann diesbezüglich Erstaunliches leisten. Der mexikanische Hauptstadtdistrikt verfügt über 25 Naturreservate, welche etwa 15 Prozent seiner Gesamtfläche einnehmen. Fachleute haben hier bisher mehr als 4.000 verschiedene Tier- und Pflanzenspezies gezählt. Die Stadtverwaltung wendet, Stand Ende 2020, 5,5 Prozent ihres Budgets zur Förderung der Biodiversität auf. Das soll auch helfen, die Megametropole besser auf die Folgen des Klimawandels vorzubereiten. Die Grundvoraussetzungen für das Gelingen solcher Vorhaben sind immer gleich.

> Im Vordergrund steht ein klarer, strategisch orientierter Flächennutzungsplan, der der Natur verbindlich Platz einräumt und die notwendigen Verbundstrukturen berücksichtigt.

Dazu müssen allerdings das Wissen und das Bewusstsein über den Wert der Ökosysteme erst mal vorhanden sein. Hierfür wiederum werden detaillierte Bestandsaufnahmen der lokalen Artenvielfalt und ihrer Lebensräume benötigt. Neben der praktischen Umsetzung von Renaturierungsmaßnahmen rundet schließlich ein regelmäßiges Monitoring der Entwicklungen das Paket ab. Doch ohne ein Umdenken bleibt das alles Utopie. Wir brauchen eine neue Sicht auf diese Welt, und auf uns selbst.

KAPITEL 4

Die Wende

»Darf ich auch?« Die Spinne ist winzig, nur wenige Millimeter lang, und trägt eine ähnlich graue Farbe wie das Kopfsteinpflaster. Meine kleine Tochter hat sie trotzdem entdeckt. Ich lasse das Tierchen auf meinem Daumennagel krabbeln und halte es ihr nun vors Gesicht. Die Kinderaugen sind voller Faszination, sie will die Spinne selbst auf die Hand nehmen. »Ganz vorsichtig.« Zögerlich stakst das Miniaturgeschöpf auf ihrem Zeigefinger entlang. Wir tragen es zu einem Busch und setzen das fragile Wesen auf einen Zweig. »Tschüss Spinne.« Nach ein paar Runden mit dem Laufrad zieht es meine Tochter wieder dorthin. Sie muss nachsehen. Ja, die Spinne ist noch da und hat sich an eine Knospe gedrückt. Alles gut also. Wir gehen nach Hause.

Man sieht es bei fast allen Kindern; dieses Interesse an Tieren und, wenn auch meist nicht ganz so ausgeprägt, Pflanzen. Da wird gestaunt und betastet, gelacht und gefragt. Kaum etwas vermag die Kleinen so zu begeistern wie ein Zoobesuch. In ihren Bettchen warten derweil Kuschelhasen,

Plüschhunde, Stoffsaurier, und in zahllosen Kinderbüchern spielen Vierbeiner die Hauptrollen. Der positive Einfluss von Haustieren auf die kindliche Entwicklung wurde schon mehrfach wissenschaftlich belegt. Dasselbe gilt für den Kontakt zur Natur draußen, ob im Garten, Park oder Wald. Unser Nachwuchs hat offenbar einen grundsätzlichen Hang zu allem, was wuselt und wächst. Wenn wir diese Passion fördern, begleitet sie einen oft ein Leben lang. Die Kinder haben auch als Erwachsene eine breitere Wahrnehmung ihrer Umwelt. Eine enorme Bereicherung.

Woher aber kommt diese Veranlagung? Der Soziobiologe Edward Wilson hat zu dieser Frage eine einnehmende Hypothese vorgelegt. Seiner Meinung nach kommt jeder Mensch mit einer angeborenen Affinität zum Lebendigen zur Welt – genau so, wie es das kindliche Verhalten nahelegt. Die Neigung wurde uns von der Evolution in die Wiege gelegt, sagt Wilson. Das Bedürfnis, mit der Natur und anderen Lebewesen in Kontakt zu treten, wäre demnach sogar in unserem Erbgut verankert. Ein solches genetisches Programm hätte unseren Vorfahren entscheidend beim Überleben geholfen. Es ermöglichte ihnen, die Welt zu begreifen; Ressourcen und Gefahren zu erkennen. Und: Wo nichts gedeiht, hat auch der Mensch nichts verloren. Kein Wunder, dass viele von uns die fast leblosen Betondschungel mancher Städte als abstoßend empfinden.

Wilson fasst seine Ideen unter dem Begriff »Biophilie« zusammen. Letzterer wurde allerdings schon 1964 durch den Soziologen Erich Fromm geprägt. Er verstand darunter »die leidenschaftliche Liebe zum Leben und allem Lebendigen«. Es sei der Wunsch, »Wachstum zu fördern«. Jede Gärtnerin, jeder Zimmerpflanzen-Freak kennt dieses Gefühl. Fromm sah die Biophilie als Basis einer eigenständigen Ethik. »Gut ist alles, was dem Leben dient; böse ist alles, was dem Tod dient.«[26] Das mag in dieser Form vereinfachend klingen, doch der Grundgedanke stimmt.

> Der Mensch ist ein biologisches Gebilde und somit auf dieselben Lebensgrundlagen angewiesen wie (praktisch) alle anderen Organismen auf diesem Planeten auch. Er ist unabdingbar abhängig von Luft, sprich Sauerstoff, Wasser und Nahrung. Man kann dies als Primat der Ökologie bezeichnen. Was die Existenz des Lebens allgemein schützt, schützt uns alle.

So einfach ist das tatsächlich.

Das durchaus oft beschworene Band zwischen Mensch und Natur hat gleichwohl Risse bekommen. Wir verlieren zunehmend den Draht, und das schon seit Längerem. Ein interessantes Beispiel lässt sich inzwischen fast überall auf der Welt in zumindest mäßig wohlhabenden Wohngebieten beobachten. Vor den Häusern liegen, mehr oder weniger akkurat, »gepflegte« Grasflächen. Diese Rasen sind Symbole. Kurz müssen sie sein, das ist oberstes Gebot. Wer die Halme und womöglich sogar den Löwenzahn weiter wachsen lässt, erntet schnell Stirnrunzeln. Mindestens. Soziale Kontrolle ist mächtig. Und so brummen jedes Wochenende die Motoren. In den USA sollen Rasenmäher für rund 5 Prozent der gesamten Luftverschmutzung verantwortlich sein. Dazu kommt der enorme Wasserverbrauch fürs vielerorts notwendiges Sprengen. Das Ergebnis dieser ständigen Bearbeitung sind Zigtausende Quadratkilometer ökologisch verheerter Landoberfläche. Nur wenige Vögel finden hier Futter, für die meisten Insekten sind Rasen ebenfalls bloß grüne Einöden. Alles zu Ehren eines geheiligten, aber völlig fehlgeleiteten Ordnungssinns. Da ist sie wohl wieder, die Angst vor der Wildnis. Doch im vermeintlich wuchernden Gras lauert keinesfalls todbringendes Chaos. Das schaffen wir selber.

Blumenwiesen haben schon viele Künstler inspiriert. Auch Vincent van Gogh verewigte ein paar davon in seinen Bildern. Die Menschen lieben diese Werke. In der Realität sieht man derartige Farbspektakel heute eher selten. Dabei sind sie gar nicht so schwer zurückzuholen. Der Fachhandel bietet sogar spezielle Saatmischungen an, mit einheimischen Pflanzenarten, bienenfreundlich und bunt. Aber nur ganz wenige Gartenbesitzer setzen sie flächig ein. Sie wissen schon, die Nachbarn. Wie sähe das denn aus … Ernsthaft? Wie in aller Welt kann man auf die Idee kommen, ein vorstadtüblicher Kurzrasen sei schöner als eine solche blühende, brummende Ode an die Schöpfung? Was ist da schiefgelaufen? Das Ganze erinnert irgendwie an die tragische Geschichte Rapa Nuis, der Osterinsel. Deren Bewohner praktizierten eine auf die Errichtung von Riesenstatuen und anderen, mutmaßlich religiösen Bauwerken fokussierte Kultur, und holzten dabei ihren gesamten Lebensraum ab. Das Ökosystem der Insel hat sich nie wieder erholt. Ganz so dramatische Folgen zeigt der westliche Rasenkult noch nicht. Er ist vielmehr Zeugnis einer fortwährenden Entfremdung. Und die wird richtig gefährlich.

Neuorientierung – auch mithilfe der Gesetzgeber
Das IPBES-Gremium fordert eine tief greifende Neuorientierung. »Transformativer Wandel« sei sowohl notwendig wie auch unausweichlich – für alles, was den Schutz der Artenvielfalt und der nachhaltigen Entwicklung allgemein betrifft. Der Kurswechsel wäre letztlich ein gesellschaftlicher Wandel; technologisch, ökonomisch und sozial. Dieser schlösse eine Veränderung von Wertvorstellungen und gesellschaftlichen Verhaltensmustern ausdrücklich mit ein. Es wird nicht ohne gehen. Auch die Art und Weise, wie wir Probleme angehen, braucht eine neue Ausrichtung. »Die nachhaltigen Entwick-

lungsziele [der Vereinten Nationen] sind integriert und unteilbar«, betont IPBES. Bisher wird einfach zu viel aneinander vorbei gearbeitet. Wenn reiche Staaten Kleinbauern in Südamerika oder Südostasien unterstützen wollen und gleichzeitig über die Förderung von Biokraftstoffen dem Landraub Vorschub leisten, ist das Endergebnis gleich mehrfach schädlich. Man denkt zu sehr in Einzelinteressen. »Dieses Auseinanderbrechen von Mehrfachzielen ist die Ursache der heutigen Herausforderungen in den Bereichen Umwelt, Gesundheit und Biodiversität«, meinen die IPBES-Autoren. Ohne Nexus kein Fortkommen. Erich Fromm scheint das schon früh erkannt zu haben. Der biophile Mensch »sieht das Ganze und nicht nur seine Teile«, schreibt der Soziologe. Die Ökologie selbst dürfte das beste Leitmotiv für den Wandel sein. Alles ist miteinander verbunden.

Die Wende muss schnell gelingen, denn wir haben nur noch wenig Zeit. Bis 2030 sollten die entscheidenden Weichen gestellt sein. Transformatives »Governance« ist eine zentrale Voraussetzung. Dieses, erklärt IPBES, agiert integrativ, informativ, adaptiv und inklusiv. Kopplungen werden berücksichtigt; fundiertes Wissen ist die Basis von Entscheidungen; man reagiert auf Veränderungen und passt sein Wirken dementsprechend an, und die unterschiedlichen Gruppen von betroffenen Menschen sind an den Prozessen beteiligt. Dabei dürfte so einiges ins Rutschen geraten. Wasserressourcen zum Beispiel sind Allgemeingut, deren Nutzung jedoch nicht unbedingt als solches gehandhabt wird. Landwirtschaft und Industrie dürfen vielerorts entnehmen und verschmutzen und reichen damit einen Teil ihrer Produktionskosten an uns alle weiter. Häufig gibt es nicht mal eine genaue Bezifferung der so entstehenden Schäden. Regelwerke zur Eindämmung sind ebenfalls knapp und zudem oft mangelhaft. Man lässt bestimmte Akteure ihre Interessen verfolgen, zum Nachteil der restlichen Bevölkerung. Um dem entgegenzutreten, muss kurzfristig ein klarer gesetzlicher Rahmen für das Management von Süßwasser in all seinen Formen – Grundwasser, Oberflächenwasser und Abwasser – implementiert werden, erklärt das IPBES-Gremium. Man darf das Feld nicht den Marktmechanismen überlassen. Die Privatisierung von versorgungsrelevanter Infrastruktur hat gerade im Wassersektor (aber nicht nur dort) zu, vorsichtig ausgedrückt, eher unbefriedigenden Ergebnissen geführt. Klassisch kapitalistische Gewinnmaximierung verträgt sich anscheinend schlecht mit öffentlichen Interessen.

Das Prinzip der Nutzungsgerechtigkeit gilt natürlich für alle Ökosystemleistungen und umfasst selbstverständlich auch die Rechte zukünftiger Generationen. Manche Regierungen sind sogar dazu übergegangen, Teilen der Natur einen eigenen Rechtsstatus zu verleihen. So wurde der Fluss Whanganui auf Neuseelands Nordinsel 2017 zur juristischen Person erklärt. Für die Maori-Ureinwohner galt das Gewässer schon immer als lebendige, unteilbare Entität. Ihre Sichtweise bekam mit dem Parlamentsbeschluss Anerkennung und eine gesetzliche Grundlage, die inzwischen auch weitere Landschaftsbestandteile umfasst. Die Idee ist keine Patentlösung, denn es wird auf die Umsetzung ankommen. Doch der Ansatz geht in die richtige Richtung: Die Natur hat ihren eigenen, intrinsischen Wert und ihr eigenes Existenzrecht. Sie ist keine frei verfügbare Gestaltungsmasse.

Soweit zum Grundsätzlichen. Auf der praktischen Ebene wird ein ganzes Arsenal an juristischen Richtlinien und politischen Maßnahmen benötigt. Ein wichtiges Element wären die sogenannten Ökosteuern. Sie sollten umweltschädliche Produkte mit Abgaben belasten, deren Höhe den bei Herstellung und Verbrauch entstehenden ökologischen Schäden entspricht. Frei nach dem Motto: Der Verschmutzer zahlt.

Zum einen würden damit keine Kosten mehr an die Allgemeinheit weitergegeben, und gleichzeitig fällt zumindest ein Großteil des Preisvorteils von nicht-nachhaltig produzierten Waren weg. Sie verlieren dadurch an Attraktivität; die Konsumenten werden eher geneigt sein, umweltfreundlicher einzukaufen. Die Steuern wären zudem innovationsfördernd. Wer dank Neuerungen Ressourcen schont, spart Kosten und kann so seine Margen erhöhen. Viele schädliche Technologien dürften so bald der Vergangenheit angehören.

Mit Abgaben allein wird es allerdings nicht getan sein. Bestimmte Praktiken gehören schlichtweg verboten, und das auch über Staatsgrenzen hinweg. Wenn Ölkonzerne in Afrika oder Südamerika ganze Landstriche mit ihrem Dreck verseuchen, oder Textilunternehmen zu menschenunwürdigen Bedingungen in Billiglohnländern produzieren lassen, schadet das letztlich uns allen. Konsequent durchstrukturierte Lieferkettengesetze könnten solchem Tun Einhalt gebieten. In ihrem Rahmen müssten Firmen für den gesamten Wertschöpfungsprozess geradestehen – vom Rohstoff bis zum verkaufsfertigen Produkt. Die Verantwortung ließe sich nicht mehr auf Tochtergesellschaften, dubiöse Zulieferer und korrupte Machthaber abwälzen. Auch weit von der eigenen Haustür entfernt müssen gewisse ökologische und soziale Standards eingehalten werden. Dasselbe gilt übrigens für den umgekehrten Weg.

Schluss mit den Müllexporten – inklusive jener, die angeblich dem Recycling dienen. Es schwimmt schon viel zu viel von unserem Plastik zwischen westpazifischen Korallenriffen herum.

Für die Verbraucher ist es oft schwer, die Folgen ihrer Kaufentscheidungen nachzuvollziehen. Der Versuch, verantwortungsvoller zu konsumieren, wirft ständig Fragen auf. Steckt in meiner Schokolade Kinderarbeit? Trägt mein Baumwoll-shirt zum Austrocknen eines Flusses bei? Zertifizierungen und entsprechende Gütesiegel sind hierbei eine gute Hand-habe – vorausgesetzt, ihre Vergabe erfolgt transparent nach strengen Kriterien, deren strikte Einhaltung ständig von unabhängiger Seite kontrolliert wird. Denn sogenanntes »Greenwashing« ist leider weitverbreitet. Unternehmen er-finden für ihre Produkte irgendwelche Fantasiesiegel oder bekunden lautstark ihr Engagement in Wiederaufforstungen und Umweltschutzprojekten. Bei genauerem Hinsehen er-weist sich ein Großteil davon als Augenwischerei. Medien und Nichtregierungsorganisationen decken solche Tricks zwar regelmäßig auf, aber das reicht offensichtlich nicht. Im Endeffekt dürfte es wohl nicht ohne eine deutliche Zunahme an staatlichen und internationalen Regulierungen gehen. Klar: Wirtschaftsverbände werden sofort aufjaulen, mit Ab-wanderung drohen und für freiwillige Vereinbarungen plä-dieren. Das haben wir schon so oft gehört. Sie spielen auf Zeit, um mit den herkömmlichen Prozessen noch möglichst lange Geld zu verdienen und unausweichliche Investitionen aufzuschieben. Wiederum auf unser aller Kosten.

Grüne Investitionen und nachhaltiges Wirtschaften
Der notwendige Umbau der Wirtschaft kann offenbar auch große Mengen an privatem Kapital mobilisieren. Man sieht dies bereits bei den »grünen« Geldanlagen und nachhaltigen Investmentfonds. Deren Investoren erkennen das ökonomi-sche Potenzial des Wandels. Sobald es eindeutige, verbind-liche Standards für Umweltverträglichkeit und gesetzliche Haftung gibt, liegen die Vorteile von ressourcenschonenden Technologien und Produktionsketten meist klar auf der Hand. Regierungsorgane müssen ihr Vorgehen dann logi-scherweise nach denselben Vorgaben ausrichten. Naturschutz

und nachhaltige Entwicklung brauchen eine bessere Finanzierung aus öffentlichen Mitteln. Ob sie diese bekommen, hängt von der Politik ab. Und die neigt bekanntlich zur Kurzsichtigkeit. Was aktuell brennt, wird angegangen; alles andere schiebt man gerne auf die lange Bank. Beispiel Coronakrise: Zum Ausgleich der wirtschaftlichen Schäden der Pandemie wurden schon bis Anfang August 2020 weltweit 12,2 Billionen US-Dollar für Förderprogramme bereitgestellt. Nur ein Bruchteil dieser Summe, rund 1,4 Billionen an Investitionen jährlich, dürften laut Hochrechnungen[27] eines internationalen Expertenteams genügen, um die Pariser Klimaziele zu erreichen und die globale Erwärmung auf weniger als 2 °C zu begrenzen. Über deren Finanzierung wird allerdings noch immer gestritten. Es ist zum Verzweifeln.

Der Erneuerungsbedarf reicht praktisch über alle Sektoren hinweg, von der Landwirtschaft bis hin zur Informationstechnologie. Klassische Infrastrukturprojekte müssen ökologisch verträglich umgesetzt werden. Nach Einschätzung der Internationalen Energieagentur IEA könnten der Welt bis 2050 rund 25 Millionen Kilometer an neuen, befestigten Straßen ins Haus stehen, circa 90 Prozent davon in den Entwicklungsländern. Eine Flutwelle aus Asphalt und Beton. Um die Tausenden Pisten auch nur halbwegs naturkompatibel zu gestalten, wird viel Geld und Know-how benötigt. Es gilt, die Trassen um sensible Gebiete herumzuführen, und Lebensräume über ökologische Infrastrukturen wie Grünbrücken miteinander zu verbinden. Straßentunnel schonen Natur und Landschaft besonders gut, aber sie sind teuer. Die reichen Staaten müssen solche ökologischen Aspekte auch bei Auslandsinvestitionen und in der Entwicklungshilfe berücksichtigen. Was nutzen Baumpflanzungen, wenn man gleichzeitig den Bau eines Hafens in einem Mangrovenwald finanziert?

In den vergangenen Jahrzehnten ist immer wieder von einer »Versöhnung zwischen Ökonomie und Ökologie« die Rede gewesen. Das klingt charmant, enthält jedoch einen kleinen Denkfehler. Bei einer Versöhnung gehen die Parteien aufeinander zu. Sie kommen sich entgegen, treffen eine Einigung. Ökologie indes basiert auf Naturgesetzen, und die verhandeln nicht. Die Ökonomie muss sich ihnen unterordnen.

Man kann mit dem Klima oder dem Ozean keine Kompromisse schließen.

Die Natur hält sämtliche Karten in der Hand. Im Geiste dieser Erkenntnis definieren die IPBES-Autoren auch den Begriff »nachhaltiges Wirtschaften«. Dieses sei »eine Ökonomie, die keine direkten oder indirekten Treiber hervorbringt, welche die Natur, ihre Gaben an den Menschen und eine gute Lebensqualität antasten«. Außerdem solle nachhaltiges Wirtschaften die wichtigen Rollen von Fernkopplung, Handel, Lieferketten und die Interaktionen zwischen Produzenten und Konsumenten in unserem heutigen, globalen System berücksichtigen. Kurzgefasst: Alles, was der Welt schadet, hat zu unterbleiben. Überall. Eigentlich ganz einfach.

Die Definition der IPBES-Experten berührt allerdings zugleich den wohl widersprüchlichsten Punkt in Sachen Zukunftsorientierung. Natur lässt sich messen, zählen, quantifizieren und beschreiben; was genau aber verstehen wir unter einer guten Lebensqualität? Die nachhaltigen Entwicklungsziele führen dazu eine Reihe von Komponenten an. Sie umfassen die körperliche Gesundheit, die materielle Versorgung, die geistige Entwicklung und die Menschenwürde, doch das ist offenbar nicht alles. Es scheint, als steckt noch etwas anderes in unseren Gehirnen oder, so man will, Seelen; ein skurriler, kaum fassbarer Widerspruch. Kehren wir noch mal zurück zum »American Way of Life«, dem westlichen Konsumismus, der inzwischen auch von sehr vielen anderen Menschen als Blaupause für ein gelungenes Leben gesehen wird. Immer auf dem Weg zu mehr Wohlstand. So richtig glücklich macht das gleichwohl nicht. Die Häufigkeit psychischer Erkrankungen nimmt gerade in vielen reichen Industrienationen seit Jahren stetig zu. Depressive Verstimmungen werden allmählich zur Volkskrankheit.

Über die möglichen Ursachen derartiger Schieflagen führen Fachleute lange Debatten; die Betroffenen indes sprechen oft von Dauerstress. Hand aufs Herz: Klingt das nicht bekannt? Kennen wir diesen Zustand nicht, zumindest zeitweise, aus eigener Erfahrung? Man fühlt sich wie im berühmten Hamsterrad gefangen; läuft und läuft, nur um auf der Stelle zu bleiben. Das schmucke Eigenheim im Grünen zum Beispiel muss dank Hypothek täglich neu erarbeitet werden. Den Garten zu genießen, dafür bleibt einem kaum noch Zeit. Trotzdem machen wir weiter, tagein, tagaus. Zur Kompensation verfallen viele offensichtlich dem Kaufrausch. Ich konsumiere, also bin ich. Ganze Bataillone von Marketingexperten heizen die Trends mit ihrer Kreativität an. Werbung überall, bald perfekt personalisiert und dann noch wirksamer. Derweil schwadronieren Tech-Giganten darüber, wie ihre Innovationen das Leben der Menschen »besser machen.« Wie denn? Dadurch, dass ich per App jetzt noch bequemer eine lauwarme Pizza bestellen kann, statt selbst zu kochen? Und während ich darauf herumkaue, klicke ich mich durch die neuesten Angebote von Amazon. Fürwahr eine schöne neue Welt.

Zu polemisch? Ein bisschen vielleicht, aber nicht neben der Wahrheit. Wir Westler sind längst übersättigt, und bemerken es meist nicht. Materiell gesehen könnte es uns eigentlich nicht besser gehen – es sei denn, man sieht den Wechsel vom Standardauto zum Luxus-SUV tatsächlich als Verbesserung der Lebensqualität. Gewiss: Auch hierzulande müssen manche Menschen jeden Cent zweimal umdrehen, oder sie sind sogar auf Lebensmittelspenden angewiesen. Vergleicht man unsere Situation jedoch mit der der restlichen Weltbevölkerung, leben wir de facto wie die Maden im Speck. Das ständige Mehr entspringt allerdings nicht unbedingt unserem eigenen Wesen. Bedürfnisse werden häufig kreiert, geprägt von Werbestrategien und dem sozialen Umfeld, in dem man sich bewegt. Diesem Druck kann sich niemand entziehen. Oft wirkt er bis tief ins Unterbewusstsein. Wer zur Verteidigung unserer Konsumgesellschaft für die individuelle Freiheit plädiert, sollte mal genau überlegen, wie frei er selbst angesichts einer solchen manipulativen Marketingmaschinerie ist.

Die endlose Verführung dürfte zugleich Grundlage und Folge der westlichen Wirtschaftsordnung sein. Diese Ökonomie ist wachstumsfixiert, und Wachstum heißt nun mal »mehr«.

Grenzen wir also unseren Konsum ein, stellen wir im Prinzip das ganze System infrage. Und schon klingeln bei vielen die Alarmglocken. Ein weiterhin steigender Verbrauch von begrenzten Ressourcen führt aber zwangsläufig zum Kollaps. Der Konsumismus steckt in einer Sackgasse, aus dem er nicht entkommen kann. Die Menschheit muss einen anderen Weg suchen.

Es gibt dazu so einige Ideen. Die EU und die OECD (Organisation für wirtschaftliche Zusammenarbeit und Entwicklung) plädieren für *green growth*, ein grünes Wachstum. Dieses Modell geht davon aus, dass eine Zunahme von Wirtschaftsaktivität, Einkommen und Beschäftigung auch auf nachhaltiger Basis möglich ist. Vielleicht stimmt das. Der ökologische Umbau von Ökonomie und Gesellschaft könnte den drei genannten Größen in der Tat einen gehörigen Schub verleihen. Was aber passiert danach? Wir müssen längerfristig denken.

Manche Theoretiker befürworten deshalb das Konzept eines *degrowth*, auch Postwachstum genannt. Sie sehen im Wachstumskurs ein grundsätzliches Problem. Als Alternative fordern diese Kritiker die Errichtung einer an Suffizienz orientierten Wirtschaft ohne Vermehrung des physischen Kapitals. Sie zielen auf eine intelligente und gerechte Ressourcenverteilung sowie den Schutz unserer natürlichen Lebensgrundlagen. Die Menschheit sollte sich als Teil des planetarischen Ökosystems begreifen.

Diese Umstellung sollte von einer Neudefinition des Wohlstandsbegriffs flankiert werden. Zufriedenheit statt steigender Einkommen. Durch Entschleunigung bekämen die Menschen mehr Zeit für ein ausgeglichenes, gutes Leben. Da jedoch vor allem auf der Südhalbkugel noch immer viel himmelschreiende Armut herrscht, müsste auch eine globale Umverteilung stattfinden. All das tritt bisherigen Ansprüchen und Idealvorstellungen radikal entgegen. Ein politisch noch größeres rotes Tuch kann man sich nur schwer vorstellen.

Wie eine wirklich nachhaltige Ökonomie aussehen kann, müssen letztlich Fachleute beantworten. Uns Laien bleibt derweil die Aufgabe, den eigenen Lebenswandel zu reflektieren. Wo liegen unsere Prioritäten? Greta Thunberg und die Fridaysfor-future-Bewegung werden gerne als naiver, unreifer Haufen diffamiert, meistens von älteren Männern. Die haben offensichtlich den Schuss nicht gehört. Es ist irrsinnig, Kinder in die Welt zu setzen und gleichzeitig deren Zukunft zu zerstören – sei es aus materieller Gier oder dumpfer Bequemlichkeit. Natürlich sind auch wir Wohlstandsverwöhnten gefangen in einem Netz aus täglichen Zwängen. Die Rechnungen müssen schließlich bezahlt werden. Mit Blick auf die weltweite ökologische Bedrohung überkommt uns zudem schnell ein Gefühl der Machtlosigkeit.

Was kann der Einzelne schon ausrichten? So einiges. Fangen wir im Kleinen an, pfeifen zum Beispiel auf *coffee to go* in müllflutfördernden Pappbechern und setzen uns stattdessen ins Kaffeehaus oder trinken, falls die Zeit echt knapp ist, einen Espresso wie in Italien an der Bar. Noch ein Vorschlag: der viel geschmähte Veggietag. Reduzierter Fleischverzehr ist keine Freiheitsberaubung, Gewohnheiten lassen sich ändern. Unsere Regierungen sollten uns dabei zur Hand gehen. Sie könnten irreführende Werbepraktiken unterbinden, Warentransparenz fordern und den Konsum durch gezielte Steuerpolitik in umweltverträgliche Bahnen lenken. Das entlastet uns allerdings nicht von der Eigenverantwortung.

Buen vivir, »gut leben«, ist ein Gegenentwurf zur westlichen Wachstumsfixierung, welcher zunehmend Gehör findet. Der Grundgedanke soll von indigenen Südamerikanern stammen und wurde inzwischen in die bolivianische und die ecuadorianische Verfassung aufgenommen. Neben sozialen Aspekten wie Solidarität und Kooperation peilt das Konzept auch explizit eine harmonische Beziehung zur Natur an. Gerade das dürfte für so manchen stressgeplagten Großstadtbewohner aus Europa fast wie eine Verheißung klingen. Balsam für die biophilen Seelen, sozusagen. Nicht mal die hartgesottenen Skeptiker unter uns sollten dies als Spinnerei abtun. Es ist gut möglich, dass ein Yanomami-Ureinwohner im nördlichen Amazonas glücklicher lebt, weil er den intensiven Kontakt zu Wäldern und Flüssen, Flora und Fauna hat. Man stelle sich nun vor, dieser Mensch hätte Zugang zu mehr Bildung und einer medizinischen Versorgung nach westlichem Standard. Würde ihm dann noch irgendetwas fehlen?

Die lebendige Welt ist tatsächlich von unermesslicher Schönheit. »Ich komme von Sinnen, wenn die Wunder nicht bald aufhören«, schrieb Alexander von Humboldt 1799 während seiner Südamerika-Expedition. So weit muss man aber nicht reisen. Es reicht, sich mit einer kleinen Einschlaglupe quasi vor der eigenen Haustür auf die Lauer zu legen. Auch in der Stadt können wir buntbehaarte Wildbienen, metallisch schimmernde Goldwespen und Zebraspringspinnen beim Heranpirschen an ihre Beute beobachten. Tierdokus in echt. Sie wollen mehr? Sähen Sie Ihren Rasen mit Wiesenblumen ein; schauen Sie den Krähen beim Spiel mit dem Wind zu; lauschen Sie im Mai den Nachtigallen. Und vor allem: Lassen Sie Ihre Kinder mitstaunen. Wen der Zauber erst einmal in seinen Bann gezogen hat, braucht für den Umweltschutz nicht mehr gewonnen zu werden. Eine erneute Hinwendung zur Natur heißt nicht »zurück auf die Bäume«. Sie ist vielmehr eine Rückbesinnung auf unsere eigentliche Identität als fühlende Geschöpfe. Wir teilen diesen Planeten mit unzähligen anderen, mit denen wir auch die Herkunft teilen. Diese Verbindung zu trennen bedeutet den Tod.

Das Anthropozän hat begonnen – unumkehrbar und unaufhaltsam. Was daraus wird, liegt in unseren Händen. Es gibt keine Vorbestimmung; die Zerstörung ist kein unabwendbares Schicksal. Dass wir die Welt verwandeln können, haben wir bereits bewiesen. An Kreativität und Beharrlichkeit mangelt es uns offenbar nicht. Korrigieren wir also den Kurs. Die Wissenschaft wird die Koordinaten liefern, die Liebe zum Leben die Motivation. An die Arbeit.

Endnoten

[1] Barrows, G. et al. (2014), *Environment and Development Economics*, Bd. 19, S. 676–703.

[2] Davis, L. (2016), *The Environmental Cost of Global Fuel Subsidies*, International Association for Energy Economics, Cleveland.

[3] Sumaila, U. R. et al. (2016), *Marine Policy*, Bd. 69, S. 189–193

[4] Deemer, B. et al. (2016), *BioScience*, Bd. 66, S. 949–964.

[5] Rochman, C. et al. (2015), *Scientific Reports*, 5:14340.

[6] Haddad, N. et al. (2015), *Science Advances*, Bd. 1, e1500052.

[7] McClenachan, L. (2009), *Conservation Biology*, Bd. 23, S. 636–643.

[8] Tillmann, S. et al. (2018), *Journal of Epidemiology and Community Health*, Bd. 72, S. 958–966.

[9] Arias, M. et al. (2014), *Ecological Modelling*, Bd. 272, S. 252–263.

[10] Herrera, D. et al. (2017), *Nature Communications*, 8:811.

[11] Braczkowski, A. et al. (2018), *Frontiers in Ecology and the Environment*, Bd. 16, S. 176–182.

[12] Stehle, S. & Schulz, R. (2015), *PNAS*, Bd. 112, S. 5750–5755.

[13] Muller, A. et al. (2017), *Nature Communications*, 8:1290.

[14] Bellon, M. et al. (2018), *Proceedings of the Royal Society B*, 285: 20181049.

[15] Tian, H. et al. (2020), *Nature*, Bd. 586, S. 248–255.

[16] Bastin, J.-F. et al. (2019), *Science*, Bd. 365, S. 76–79.

[17] Fernández-Ondoño, E. et al. (2010), *European Journal of Forest Research*, Bd. 129, S. 707–717.

[18] Yosef, G. et al. (2018), *Scientific Reports*, 8:996.

[19] Höckendorff, S. et al. (2017), *Conservation Biology*, Bd. 31, S. 1098–1108.

[20] Froese, R. et al. (2018), *Marine Policy*, Bd. 93, S. 159–170.

[21] Maree, B. et al (2014), *Animal Conservation*, Bd. 17, S. 520–529.

[22] Santos, J. et al. (2016), *Fisheries Research*, Bd. 18, S. 64–73.

[23] Cabral, R. et al. (2020), *PNAS*, Bd. 117, S. 28134–28139.

[24] Barrington-Leigh, C. & Millard-Ball, A. (2020), *PNAS*, Bd. 117, S. 1941–1950.

[25] Barrington-Leigh, C. & Millard-Ball, A. (2017), *Environmental Research Letters*, 12:044008.

[26] Fromm, E. (1973), *Anatomie der menschlichen Destruktivität*, Deutsche Verlags-Anstalt, Stuttgart.

[27] Andrijevic, M. et al. (2020), *Science*, Bd. 370, S. 298–300.

Dem gesamten Buch als Grundlage dient:
IPBES (2019): *Global assessment report on biodiversity and ecosystem services of the Intergovernmental Science-Policy Platform on Biodiversity and Ecosystem Services*. E. S. Brondizio, J. Settele, S. Díaz, and H. T. Ngo (Hrsg.). IPBES Sekretariat, Bonn.

DER POTTWAL, KÖNIG ALLER WELTMEERE

Keiner taucht tiefer, keiner ist lauter, keiner hat ein größeres Gehirn. Ob es die Rettung eines gestrandeten Wals ist, der durch Menschenhand geheilt und wieder in die Freiheit entlassen wird, oder der legendäre Moby Dick: Die Wucht seiner physischen Gestalt, sein ebenso schnelles Auftauchen wie Verschwinden inspiriert Schriftsteller und fasziniert die Menschheit. Insbesondere die Forscher. Kurt de Swaaf erzählt in seinem emotional packenden und wissenschaftlich fundierten Buch die Geschichte eines dieser geheimnisvollen Ozeanriesen und die einer spannenden Forschungsexpedition.

KURT DE SWAAF
DER GEIST DES OZEANS
Benevento
240 Seiten · 14,5×21cm
Hardcover mit Schutzumschlag
978-3-7109-0019-8 · € 24,00